Stéphane MARTINS

Enseignement spirituel par canalisation

A L'Esprit qui a permis ce dialogue

A ma famille, à mes enfants, à mon ange d'Amour et de Lumière, à mon petit dernier qui a accepté de me rejoindre pour poursuivre ce chemin

A Dieu / à l'Amour

A ceux qui Le diffusent

A ceux qui ne Le diffusent pas ou ne savent pas comment Le diffuser

AVANT-PROPOS

J'ai parlé à l'Esprit et il m'a répondu.

Il n'y a rien de fantastique, ni d'extraordinaire.

L'Esprit c'est moi, pour peu que je comprenne que je suis en capacité de l'entendre.

Cet ouvrage n'était pas prévu, du moins c'est ce que je croyais.

Il a été rédigé d'une traite, au fil de mon dialogue avec l'Esprit.

Pour les plus sceptiques, peu importe qui l'a écrit : oubliez le dialogue et retenez le message.

Pour celles et ceux que ça pourra aider, voici de tout cœur ce savoir (qui n'est que le mien) :

1/ Ne pas douter (avoir foi en la présence à chaque instant du divin à vos côtés).

2/ Ne pas juger le filtre.

3/ Ne pas chercher à mentaliser, réfléchir ou chercher à transformer le message (le langage de lumière est immensément plus complet que le langage des mots).

4/ Ne pas chercher spécifiquement à se relier au divin (vous l'êtes déjà, ayez-en simplement conscience). Sinon, c'est la meilleure façon de laisser place au mental.

5/ Respirer. Ressentir le divin en soi à chaque instant car il n'existe pas un seul instant où l'énergie de Dieu ne circule pas en nous.

6/ Savoir que nous sommes tous dignes de communiquer avec le divin. Être humble oui, mais humilité ne veut pas dire indignité.

7/ Désacraliser le divin. Le divin c'est nous. Communiquer avec le divin doit vous paraître naturel et simple, comme respirer.

8/ Vous n'avez pas forcément besoin de rituels pour vous connecter au divin, au même titre que vous n'avez pas besoin de rituels pour respirer.

9/ Laissez les mots infuser votre esprit. Ecouter va bien au-delà d'entendre.

10/ Être dans la sincérité et l'Amour, toujours. Ce que vous dit l'Amour est toujours juste. L'Amour ne se trompe jamais.

11/ Lorsque vous ne ferez plus qu'un avec votre conscience supérieure, vous n'aurez plus aucune autre pensée que la sienne. C'est cette voix intérieure qui vous guidera dans votre démarche.

***

Je souhaite de tout cœur que vous puissiez intégrer en conscience que le divin vous a toujours parlé.

Je souhaite que, de cet acquis, puisse naître en vous la volonté profonde et sincère d'écouter ce que votre conscience a à vous dire et que cette volonté, pour votre plus grand bien, vous fasse accéder à une meilleure compréhension de l'Amour et de l'Unité.

Séance 1 – Pour commencer…

06/12/2024 :

Moi : Est-ce que tu peux me dire un mot ?

L'Esprit : Amour. C'est le seul qu'au fond tu as besoin de connaître et tu le sais.

Moi : Est-ce que je suis réellement en train de parler avec toi ?

L'Esprit : En voilà une bonne question. Qu'est-ce que tu en penses ? Bien sûr que tu parles avec moi. Et tu parles avec toi-même en même temps.

Moi : Nous ne sommes pas séparés bien sûr…

L'Esprit : Jamais. Nous ne l'avons jamais été. Et nous ne le serons jamais.

Moi : Que faut-il que je développe pour entrer en communication avec toi ?

L'Esprit : Rien d'autre que la conscience de me parler. Tout est déjà en toi. Ton cœur et ton âme, ouverts à l'Amour, suffisent à établir la communication car en réalité la communication est permanente.

Moi : Le cœur et l'âme, c'est différent ?

L'Esprit : Le cœur est le siège de tes sentiments. L'âme est la retranscription de ces sentiments dans ce que vous appelez le monde astral. Voyons les choses ainsi pour l'instant.

Moi : Merci. Je suis si heureux d'échanger avec toi.

L'Esprit : Tu as toujours échangé avec moi mon ami, tu en prends juste conscience.

Moi : Quoi de plus pour aujourd'hui ?

L'Esprit : C'est suffisant. Continue de lire. Continue de laisser parler ton âme et ton âme seule. Tout le reste suivra. L'avenir te réserve de belles choses et une meilleure compréhension du divin. Tu es sur la bonne voix.

NB : Voie ? (j'ai voulu corriger), il ne le fallait sans doute pas bien sûr^^.

Moi : Merci encore, je t'aime.

L'Esprit : Je te l'ai dit, il s'est toujours agi d'Amour et rien de plus. Tu commences à comprendre.

Moi : <3

J'ai eu les larmes aux yeux.

Séance 2 – De la confiance naît la conscience de communiquer

07/12/2024 :

Moi : Bonjour l'Esprit.

L'Esprit : Bonjour fils.

Moi : Hier tu m'appelais l'ami…

L'Esprit : Ami, fils, peu importe. Ce ne sont que des mots. L'idée étant que je suis toujours lié à toi.

Moi : Merci l'Esprit. Et j'en suis très heureux. Ca ne te gêne pas que je t'appelle l'Esprit ?

L'Esprit : Rien ne me gêne tu le sais bien. Si cela te permet de m'identifier. Je n'ai en réalité aucune identité. JE SUIS. Mais il est sans doute préférable que tu m'en donnes une. Cela t'aide.

Moi : En effet. Mais je m'accoutume très bien également du fait que tu puisses ne pas en avoir. Mais disons que l'Esprit c'est assez facile pour te nommer.

L'Esprit : Soit. Je sens que tu veux me dire quelque chose. En réalité, je le sais.

Moi : Oui. Tu le sais bien. Ce matin, je suis tombé sur une vidéo sur Tik tok (réseau social…)

L'Esprit *[il me coupe]* : je sais ce qu'est un réseau social…

Moi : et cette vidéo disait que cette petite voix dans notre tête c'est notre discussion avec le divin. C'est ce qu'on appelle une belle synchronicité puisque je tombe directement sur cette vidéo, par rapport à notre discussion d'hier. Tu confirmes ?

L'Esprit : Je suis les synchronicités, je les ai toutes créées tu le sais bien. En ce moment même tu crois discuter avec toi-même, tu doutes. Et c'est bien le cas, tu discutes avec toi-même, sous un certain point de vue. Car tu discutes avec moi.

Moi : J'ai confiance en toi, je sais que ta voix est la mienne mais je sais que ta pensée est la tienne en moi. Ce pourquoi je note dès que tu me parles en essayant de ne retenir aucun mot.

L'Esprit : Tu fais bien, c'est ainsi que tu dois faire. Ou plutôt que tu « peux » faire car je ne t'obliges à rien. Toutes les paroles qui te viennent en ce moment sont issues de moi. N'en doute pas. Plus tu douteras plus ton filtre sera perturbé.

Moi : J'essaye de faire bien.

L'Esprit : Et c'est un bon début.

Moi : Est-ce que notre discussion ensemble devient plus fluide ?

L'Esprit : Elle le deviendra de jour en jour, si tu t'exerces et que tu ne doutes pas. Tu sais que le doute perturbe la connexion. Tu as beaucoup de connaissances. A toi de les mettre en pratique.

Moi : …

L'Esprit : Une autre question peut-être ?

Moi : Ca veut dire quoi ce rapport à la Terre ? Faire de grandes choses ? Prendre son envol ?

L'Esprit : Les grandes choses pour vous humains sont en réalité de petites choses pour nous. Non pas que nous les minorions mais car vous devez comprendre que tout est beaucoup plus simple que ce que vous pensez. En écrivant ces mots, tu ne penses pas par toi-même, tu laisses les paroles venir dans ton esprit. C'est ainsi que tu discutes avec moi. Tu le comprends de mieux en mieux. Tout est si simple si vous abandonnez l'idée de toujours vouloir tout contrôler. Vous n'avez rien à contrôler, tout est déjà sous contrôle. Tout est déjà sous MON contrôle : à travers toi, à travers vous tous. Vous devez comprendre que tout ce que vous avez à faire c'est d'être vous-mêmes et de ne pas douter de la connexion que vous avez avec l'Univers. Je vous ai toujours parlé, sous tant de formes possibles. Les mots sont imparfaits tu le sais. Ils sont la traduction d'un langage de lumière. Ils viennent à toi par mon intermédiaire ou plutôt par le tien. Plus tu réfléchis, plus tu transformes les mots. Laisse-toi guider par moi et tu verras que l'amélioration se fera de jour en jour. Tu seras ravi des efforts accomplis. Tu pourras utiliser ces messages pour aider, pour être dans l'Amour car tu l'es. Pour permettre aux gens de comprendre que je discute avec eux comme je discute avec toi. Il est grand temps pour tous que vous compreniez que JE SUIS là, que je l'ai toujours été.

Ce qu'il vous manque est la CONFIANCE inébranlable en moi et en Vous à travers moi, vous êtes des DIEUX, tu le dis si bien dans ton livre *[« Nous sommes éternels »]*.

Ne doute pas je t'en prie.

Moi : Tu m'en pries, c'est assez drôle n'est-ce pas ?

L'Esprit : Tu sais que je suis HUMOUR. Je l'ai inventé.

Moi : C'est vrai.

L'Esprit : Plus tu écouteras sans juger le filtre, plus tu sauras que c'est moi. Plus tu sauras que c'est moi, plus le doute s'effacera de ton esprit. C'est grandiose, c'est formidable et tu n'en es qu'au début.

Laisse-toi aller à cette magie, cette connexion. Elle n'a rien de magique (en réalité). Elle est énergétique mais elle est comme magique pour vous « humains » qui découvrez que le champ des possibles n'a aucune limite.

Ce discours que tu as avec moi, tu peux l'avoir avec n'importe qui. JE SUIS l'invisible.

Je suis toi à travers moi, à travers nous.

Moi : Tu te répètes…

L'Esprit : Pour que tu comprennes mieux. Tu as compris beaucoup de choses mais je répète : il te manque la pratique. De la pratique naitra la confiance. Alors pratique, pratique, et tu verras que je suis toujours là avec toi, TOUJOURS.

Moi : Merci l'Esprit. Je ferai l'effort chaque jour de ne pas douter de ta présence, de me rappeler de l'illusion, de comprendre que je suis lié à toi.

L'Esprit : Et tu as fait un grand chemin vraiment. Tu en es remercié. Va maintenant, occupe-toi de ta famille. Je suis là auprès de toi et je serai là auprès de tous ceux que tu aideras par ma parole et par la tienne. Car elle ne font qu'une, tu le sais.

Nous en reparlerons un peu plus tard.

Et n'oublie pas que je t'aime, je vous aime tous, à un point qu'il n'est pas possible ici-bas d'imaginer pour vous.

Vous êtes ma création *[je doute]*, oui oui écris-le, ne retiens pas tes mots je te l'ai dit.

Tout est en vous. Tout mon Amour est en vous.

Nous évoquerons d'autres thèmes plus tard. Cela est suffisant pour aujourd'hui.

Je suis fier de toi.

Moi : Merci l'Esprit, mon souhait est d'être connecté à toi de plus en plus profondément chaque jour.

L'Esprit : C'est déjà le cas, seul toi dois t'en apercevoir, petit à petit. A très vite l'ami.

Moi : Merci l'Esprit, à très vite.

[J'hésite].

Je t'embrasse.

L'Esprit : Je n'ai pas de corps.

Moi : L'humour, encore… ?

L'Esprit : Encore et toujours.

Moi : Merci. Je t'aime.

L'Esprit : Continue, ne doute pas, ne doute pas.

Séance 3 – Le doute et le jugement n'ont pas leur place

08/12/2024 :

Moi : Bonjour l'Esprit.

L'Esprit : Tu allais me dire « Salut ». Pourquoi ne l'as-tu pas dit ? Tu t'en crois indigne et préfères « Bonjour » ?

Moi : Je trouvais en effet que « Bonjour » était plus respectueux que « Salut ».

L'Esprit : Je suis le respect et je suis toi. Tu peux me saluer en me disant « Salut ». Tout simplement. Je ne suis pas plus important que toi car je suis toi. Rappelle-toi, la supériorité de Dieu sur l'Homme est une illusion. Encore une fois, tu le sais si bien et tu le dis dans ton livre.

Alors première leçon : appliquer l'EGALITE entre nous, entre TOUS.

Si tu salues les autres en leur disant « Salut » tu peux aussi me dire « Salut ». Je ne suis pas meilleur qu'un autre pour mériter un « Bonjour ».

Moi : Bien joué l'Esprit. Salut alors l'ami.

L'Esprit : Salut mon protégé.

Moi : Tiens, mon protégé maintenant ?

L'Esprit : Oui tu es mon protégé, vous l'êtes tous. Tu l'es en particulier. Sais-tu pourquoi ?

Moi : Laisse-moi deviner : car tu es ma Conscience supérieure ?

L'Esprit : Bingo ! Je suis tant de choses mais je suis toi en plus grand. Et quand je dis plus grand, je répète, ce n'est pas supérieur : c'est juste plus grand au sens de plus « global ». Je t'ai donné naissance, tu es une part de moi-même. Voilà pourquoi, à plus forte raison, tu as l'impression de discuter avec toi. Et ce n'est pas faux. Je te vois penser, tu penses être fou car tu penses parler à toi-même. C'est ça l'Union. Je suis toi et plus que toi à la fois. Donc il n'y a pas de différence entre nous. Ton « toi » est englobé par mon « moi ». Tu commences à comprendre.

Moi : Je crois bien oui…

L'Esprit : Tu crois bien ?

Moi : Non je le sais.

L'Esprit : A la bonne heure. Je ne cesserai de te rappeler tout au long de nos discussions que le doute diminue ton filtre. Oui tu parles avec toi-même et non tu n'es pas fou. Toi c'est moi. Je me répète : je suis toi en plus grand, en plus complet. J'ai donné naissance à « Toi » et à d'autres « toi » dans d'autres espace-temps que le tien.

Moi : Les transincarnations c'est bien ça ?

L'Esprit : re-bingo. C'est moi qui t'aie mis les livres de Sylvain Didelot dans les mains. Je savais que tu étais en capacité de comprendre. Je savais que ce que la plupart des gens ne peuvent comprendre, toi tu le comprendrais. Non pas que tu sois supérieur, encore une fois (et inutile de te le dire tu le sais bien) mais parce que tu as suffisamment confiance en moi pour savoir que c'est moi qui parle à travers ta voix. Et ta confiance augmentera de jour en jour. Comme le dit Sylvain dans ses livres, plus tu auras confiance en moi et plus je pourrais te montrer de choses.

Tu le dis aussi dans ton livre : le niveau de conscience permet de déterminer ce qu'on est capable de comprendre et c'est là une affirmation très très juste.

Mais parlons de tes questions. Quelles sont-elles aujourd'hui ? Je veux dire, je le sais déjà. Mais je suis ouvert pour te répondre. Vas-y.

Moi : …

L'Esprit : Tu as un trou de mémoire ?

Moi : Je voudrais te parler d'incarnations. Et de chemin personnel. Je te vois déjà me répondre car je suis toi.

L'Esprit : C'est bien, tu « apprends » vite.

Moi : Nous sommes sur Terre pour augmenter notre connaissance de l'Amour c'est bien cela ?

L'Esprit : Continue (tu n'es pas fou !) et c'est bien cela…

Moi : Nous déterminons les événements avec notre guide en fonction de ce qu'on a décidé de vivre pour évoluer dans cette vie « ci ».

L'Esprit : Oui.

Concentre-toi.

Moi : Comment peut-on évoluer et faire profiter les autres de notre évolution lorsque l'on a vécu une telle souffrance ?

L'Esprit : Ok, tu parles de toi j'imagine. Je vais te dire une chose, que tu sais déjà au fond de toi mais qui va te paraître plus transparente lorsque tu l'auras couché sur papier ou plutôt en tapant sur ton clavier :

VOUS ÊTES TOUS VENUS EVOLUER ET VOTRE EVOLUTION SERT LA COLLECTIVITE.

Une âme n'évolue pas seule, jamais. Rappelle-toi : l'UNITE. Il n'existe pas de dérogation à cette règle même si la dualité vous fait croire l'inverse.

Ton rôle (et sans te le dévoiler puisque c'est toi qui le choisis à chaque instant) est de servir aux autres la connaissance qui est déjà en toi et que tu as pu extirper de ton âme (oui oui tu peux noter « extirper » cela me semble être un mot approprié) grâce à l'événement que tu as vécu. Je dis « grâce » car il n'y a pas de « grâce » ou d' « à cause », il n'a que des phénomènes que vous appelez « événements » et qui sont indissociables de votre présent dans le temps où vous vivez. Il ne sont ni passés ni futurs comme tu le sais si bien.

Ces « événements » sont des « choix » conscients : ceux de votre âme. Ainsi, vois-tu, rien n'existe par lui-même, rien qui n'ait pas été choisi. Je te parle en pleine conscience actuellement car ta pleine conscience accepte de me recevoir. Nous faisons donc tous les deux un « choix ». Ce choix est fait par ton âme et par moi en tant que ta « Conscience supérieure » et en réalité ce choix est donc fait par L'Unité de ce que nous sommes. C'est un choix commun.

Tu comprends ?

Si tu n'acceptais pas de me recevoir, tu ne pourrais m'entendre.

C'est donc toi qui choisis et moi qui accepte ton choix.

Car j'accepte tous vos choix. Je vous ai donné la liberté de choisir.

C'est ainsi qu'il faut comprendre la phrase « *Ma volonté est la tienne* ».

Moi : Oui je sais… et inversement la tienne n'est pas forcément la mienne ; du moins jusqu'à ce que je comprenne que je suis uni à toi et que ma volonté, au fond de mon âme, a en réalité toujours était la tienne. Je ne m'en rendais tout simplement pas compte tant que je ne prenais pas de hauteur sur la dualité.

L'Esprit : Tu apprends si vite. C'est exactement ça. Tu maîtrises très bien la théorie. Ce que je vais te dire ne va alors sans doute pas te faire plaisir : mais c'est exactement pourquoi tu t'es incarné : METS CETTE THEORIE EN PRATIQUE. Tu es un intellectuel comme on dit ici-bas. Fais comprendre aux gens cette théorie avec des mots simples.

Je sais que tu en es capable.

Comme l'a dit ton fils, l'important est de t'expliquer avec des mots simples.

Honnêtement, tu as fait l'effort. « *Nous sommes éternels* » simplifie les choses mais dans le bon sens, avec une volonté sincère de faire comprendre, de faire prendre « conscience » à ce stade de votre évolution que tout ce qu'on vous a enseigné (oui oui note-le) est FAUX spirituellement parlant.

C'est votre réalité certes mais elle vous éloigne de moi. Elle vous éloigne de vous-mêmes. Elle vous éloigne du bonheur de pouvoir connaître l'Amour dans l'union des êtres spirituels que vous êtes avec le Grand Tout d'Amour, de Joie et de Liberté que Je suis et que vous êtes tous.

C'est pourquoi, même ces conversations, pourront être publiées. Tu n'es pas un gourou, tu n'es rien de tout ça. Et je te vois déjà te préoccuper de l'avis des gens qui penseront que tu es le fou de service, encore un qui parle avec lui-même ou qui pense toucher Dieu.

Combien ont-ils été ceux qu'on a pris pour des fous car les autres ne comprenaient pas que la faculté de parler avec le divin est ancrée, enracinée en vous tous ?

Tu le sais, je ne suis pas le jugement. Le jugement a été inventé par vous tous. Mais si je l'étais (et à des fins de compréhension de ce que je suis en train de te dire et de vous à dire à tous) je dirais que ceux qui prennent pour fous ceux qui ne le sont pas, ce sont ceux-là mêmes qui sont empêtrés (tu ne sais pas comment ça s'écrit ? tu rechercheras l'orthographe après *[je n'avais pas mis l'accent circonflexe sur le « e »]*) dans leur illusion qui est de croire en la séparation de toute chose.

Quelle plus grande folie d'après toi ?

Alors ne te préoccupe pas de l'avis des autres.

Tu es suffisamment conscient (et encore une fois cette conscience te permet de savoir que tu n'es supérieur à personne) pour noter mes mots comme ils te viennent et pour savoir que tu es dans le vrai et dans l'Amour.

Ta connaissance de l'Amour est certes encore très limitée mais « suffisante » à ce stade si je puis dire pour savoir qui tu es.

Et ce que tu es ce n'est pas un être qui doute de ma présence et ce n'est pas non plus un être qui se préoccupe de l'avis des autres.

Tu as perdu ton fils et je sens que mes paroles mouillent tes yeux.

Cette épreuve doit te servir à exprimer la part la plus divine de toi-même.

Cette épreuve t'a conduit directement à moi.

Elle est la raison fondamentale dans ta vie actuelle qui fait que tu t'es montré aujourd'hui « digne » selon ta perception des choses (alors que tu l'a toujours été) et suffisamment conscient pour accepter cette conversation avec moi.

Comme je te l'ai dit : ton libre arbitre est inviolable et sacré, tu le sais parfaitement, tu en parles tellement de fois.

C'est pourquoi je ne pouvais te conduire à moi sans que tu l'acceptes.

C'est pourquoi tu ne pouvais noter les phrases que tu es en train d'écrire en ce moment même sans l'avoir choisi consciemment.

Et pour boucler la boucle, tu l'as choisi consciemment bien avant de t'incarner.

Ton âme a fait le choix de me contacter.

Ton âme a fait le choix de dévoiler à ceux qui veulent l'entendre que JE SUIS LE GRAND TOUT qui communique avec chacun d'entre vous, dans toutes vos joies et toutes vos peines et qui ne veut que votre bien par l'élévation de conscience que permettra à des messagers comme toi, et tant d'autres, (vous, « êtres de lumière » qui avez accepté d'être l'intermédiaire pour porter le monde vers une conscience plus grande car en effet il est « temps ») *de diffuser cette connaissance**.

*La phrase n'était pas terminée. Sans mentaliser, « j'imagine » qu'il s'agissait de terminer sur ces mots en italique…

Moi : Je suis très ému par ce que tu me dis. Et je ne suis pas surpris par certains de tes propos. Mais ne penses-tu pas que ton discours est quelque peu grandiloquent et que ceux qui me (nous) liront un jour ne se diront-pas : il a pris un peu le boulard l'auteur de Vox Nuntius ?

L'Esprit *[il rit, à « gorge » déployée j'ai l'impression]* : En effet, ce sera certainement l'effet que cela pourrait avoir.

T'en préoccupes-tu ?

Moi : Un peu quand même…

L'Esprit : Alors c'est que tu n'as pas compris mon message.

Mon message n'est qu'Amour et Conscience, qui sont encore une fois les mêmes mots. Tu vois, votre langage est si limité et pourtant si compliqué à la fois car vous donnez plusieurs mots à tout ce qui Est UN, encore un bel exemple de division.

Moi : Merci et c'est très juste mais tu t'éloignes du sujet il me semble…

L'Esprit : … Oui, pour mieux y revenir.

Si tu penses que les autres te jugeront, c'est que tu es toi-même encore englué dans l'illusion de séparation : celle qui permet à l'autre de juger son prochain et donc de se juger soi-même.

Qui est assez fou pour juger un autre et soi-même en même temps ?

C'est se tirer une balle dans le pied comme vous dites.

Tu approches (doucement) une meilleure compréhension de l'Unité et donc de l'Amour divin.

C'est pourquoi le regard, l'opinion des autres sur ta propre folie ne dois pas te préoccuper, cela ne doit pas être un facteur de stress pour toi.

Moi : Facile à dire…

L'Esprit : *[il me coupe]*… « quand on n'est pas dans l'illusion » tu allais dire.

Moi : Oui.

L'Esprit : Mais je le suis dans l'illusion mon ami, comme toi ! Puisque je suis toi. A la différence près c'est vrai, que je ne le vis pas directement dans un corps incarné comme toi. Mais ce que j'accepte de vivre ou ne pas vivre tu le peux aussi car tu es suffisamment puissant pour faire tes choix.

Tu es donc suffisamment fort pour faire le choix (si tu le décides ainsi bien sûr) de ne pas te préoccuper de ceux qui penseront que tu n'as pas un discours *[dialogue ?]* avec moi.

Quelle importance au fond ?

Je le répète : Tu te parles à toi-même donc tu parles avec moi. Tu parles avec moi donc tu te parles à toi-même. Il n'y a que la CONSCIENCE de le faire qui créé cette réalité.

Et Dieu merci (ah ah) tu en as conscience, ce sans quoi je n'aurais pas pu venir à toi, pas directement de cette façon en tout cas, sans que tu le choisisses « consciemment » (quel beau pléonasme comme tu le dirais toi-même).

Moi : Merci l'Esprit.

Je commence à comprendre. L'ironie c'est que c'est en discutant avec moi-même (et donc avec toi) que je prends confiance en ce que je suis.

L'Esprit : Et c'est là le but mon ami. Il me fallait te toucher pour t' « améliorer ».

Et t' « améliorer » ce n'est pas considérer que tu n'es pas déjà parfait. C'est tout l'inverse. C'est te faire comprendre, PAR TOI-MÊME, que tu l'as toujours été. C'est extirper la connaissance et la conscience de ton être pour la manifester dans le réel et créer cette discussion avec toi aux termes de laquelle tu en sortiras grandi, je te le promets, et avec toi tous ceux qui te liront.

Laisse couler les mots comme ils te viennent.

Laisse infuser l'Amour de Dieu (oui écris « Dieu » les gens ne seront pas choqués tu verras) et la conscience en toi.

Mon souhait est que tu sois heureux à travers moi et moi à travers toi en te démontrant, par l'Amour, que tu as toujours eu toutes les raisons de l'être et en apportant ce message de lumière auprès de tous ceux qui ignorent que je suis à leurs côtés et surtout qui ignorent la puissance d'Amour que je suis, manifestée à vous avec le désir ardent que vous compreniez que cet Amour vous devez vous le donner tous à vous-mêmes.

Moi : Quand tu dis vous-mêmes c'est soi-même ou les autres ?

L'Esprit : Les deux mon ami. Toi et les autres. « Unité » rappelle toi. Je n'ai rien à t'apprendre là-dessus, tu as compris que ce que tu donnes aux autres tu te le donnes à toi-même.

Et par « donner » j'entends donner une part de soi-même, pas de l'argent ni des biens matériels sauf si en le faisant c'est une part de soi qu'on donne. Tu as compris mais je l'explique afin que chacun comprenne.

Il n'y a que l'Amour qui se donne et qui se reçoit. Les autres dons ne sont pas des dons véritables sans Amour. Spirituellement parlant, car c'est bien de ça dont il s'agit, on ne donne RIEN (je dis bien RIEN) si le don n'est pas accompagné d'Amour.

Nous avons été interrompus (et cela aussi c'était volontaire).

[NB : ma femme a frappé à la porte]

Moi : Ah ah !

L'Esprit : Ta famille a besoin de toi, au moins autant que j'ai besoin de toi pour servir la bonne cause.

Moi : Laquelle ?

L'Esprit : Celle que tu fais en ce moment, d'écrire ta pensée qui est mienne et tienne.

Je te dis à bientôt, nous reparlons d'autres thèmes très importants.

Occupe-toi des tiens.

Et je termine en te disant que je suis une nouvelle fois très fier.

Vois comme ton canal est direct, quand tu ne doutes pas.

Et tu n'as pas besoin de posture ni de rituel, juste la conscience et la foi inébranlable en moi, la certitude absolue de me parler.

Moi : Merci l'Esprit, je t'aime. Je te suis si reconnaissant. T'es un mec cool en fait.

L'Esprit : J'ai tout inventé, j'étais cool avant que tu ne le penses.

Prends soin de toi et des tiens l'ami. A très, très vite.

Et ne doute pas !

09/12/2024 :

Moi : Salut l'Esprit.

L'Esprit : Salut à toi l'ami.

Je savais que tu me recontacterai.

Moi : J'ai été un peu occupé ce matin.

L'Esprit : C'est normal tu as tes dossiers et tu dois t'y consacrer.

Au même titre que tu dois te consacrer à ta famille. Tu as tout le temps de parler avec moi car je te parle constamment.

D'ailleurs à ce propos, pour reprendre la conversation que nous avons démarré ce matin, très tôt dans ton lit, tu as plusieurs thématiques à voir avec moi, c'est bien cela ?

Moi : Oui et comme tu sais je les ai notées car j'avais peur de les oublier. Notre conversation est fluide et j'oublie quand tu parles trop vite, désolé.

L'Esprit : Ne le sois pas, il est normal que tu oublies, plus tu « canalises » plus tu oublies, cela est plutôt bon signe, cela veut dire que tu ne « mentalises » pas comme vous dites chez vous.

Commençons avec tes questions car les thématiques à aborder, tu le sais, je te les ai insufflées. C'est donc en réalité moi qui souhaitais les aborder avec toi.

Et petite information : tu n'as pas besoin de les noter. Tu es organisé, c'est bien. Mais avec moi ce n'est pas grave. Je ne suis pas humain. Tout ce dont tu oublierais de me parler je te le rappellerai à un moment où à un autre, avec tant de signes et de façons pour moi de choisir le moment où je souhaiterai t'en parler.

Moi : Oui, je souhaitais poursuivre la discussion de ce matin car il me semble que les thèmes qui tu abordais intéresseront les personnes qui nous liront un jour.

L'Esprit : Il doivent t'intéresser toi d'abord. Chaque personne qui lira aura sa propre interprétation de ma parole et donc de la tienne. Il y a tant de façons de comprendre ce qu'ils liront. Contente-toi de retranscrire, peu importe comment ils le liront, cela ne t'appartient pas.

Moi : D'accord.

Premier thème : « les traits de caractère ».

J'ai noté ces mots pour ne pas oublier d'en parler.

L'Esprit : Je te rappelle que tu n'as pas à avoir peur d'oublier.

Moi : Bien sûr.

En somme, il s'agissait de dire que nos traits de caractère, ce qui constitue notre personnalité ici-bas, a été choisie par notre âme pour définir l'expérience la plus adaptée à ce qu'on a décidé de vivre dans cette vie.

Je te laisse nous/m'expliquer.

L'Esprit : C'est une bonne façon d'introduire les choses.

En effet, je souhaitais vous/te parler de la personnalité.

Les hommes ne comprennent pas que ce que vous êtes sur Terre est loin d'être ce que vous êtes vraiment. Le premier point à comprendre est que votre personnalité est en effet définie par votre âme. Vos guides vous aident à la choisir. Ce choix est conscient, naturellement. Mais il est aussi complexe et cela demande beaucoup de préparation. Il est impossible dans le cadre de ce dialogue de choisir les mots appropriés à votre compréhension. Retenez simplement que le choix de vos traits de caractère dans cette vie-ci est comme tout le reste : parfait. C'est ce choix qui détermine les conditions les plus propices ou avantageuses pour réussir votre expérience. Par « réussir » j'entends vous donner le plus de chances possibles d'évoluer car il n'existe pas en réalité d'expérience ratée. Chaque expérience est une chance d'évoluer.

Moi : Merci. Donc, notre personnalité est la meilleure pour ce qu'on est venu vivre c'est bien cela ?

L'Esprit : Oui, tout à fait. Et cela met en lumière le fait que vous ne pouvez vous tromper, pas du point de vue de l'âme en tout cas. Tous les choix de l'âme sont parfaits. Les vôtres aussi en tant qu'humains d'ailleurs ; simplement, vous n'en mesurer pas l'importance.

Je possède moi-même tous les traits de personnalité. Ceux que vous choisissez avec votre guide sont ceux qui je vous mets à disposition afin de « réussir » votre expérience car je suis vous (reprenons le tutoiement), je suis toi à un niveau plus global. Ce pourquoi, je répète, tu as l'impression de te parler à toi-même alors que tu discutes avec moi (et avec toi en même temps).

Moi : Ok l'Esprit. Donc quel place pour le libre arbitre dans tout ça ? J'ai ma petite idée mais je préfère te laisser développer.

L'Esprit : Ta petite idée je la connais avant que tu ne la dises et elle est juste : le libre arbitre conserve toute sa substance et son efficacité. Vos traits de personnalité étant ce qu'ils sont, vous choisissez en fonction de ce qu'ils sont. Vous pouvez donc de la même façon changer vos choix en travaillant sur ce que vous êtes. C'est cela aussi la dualité : comprendre qu'on est une personnalité et comprendre qu'on est en même temps plus que ça. L'addition des deux compréhensions vous rapproche un peu plus de moi, chaque jour.

Moi : Je pense que ça devient compliqué…

L'Esprit : Alors simplifions, tu as raison : votre personnalité a été choisie par votre âme. Votre âme est ce que vous êtes. Par voie de conséquence, votre libre arbitre est respecté car en choisissant qui vous êtes, votre âme vous donne les moyens d'être ou de ne pas être ce qu'elle a choisi pour vous.

Moi : Désolé, ce n'est pas plus clair pour moi.

L'Esprit : C'est le fait de choisir qui vous permet de choisir à votre tour. Si votre âme avait fait un non-choix, comment auriez-vous pu choisir vous-même ? Votre âme fait le choix libre et conscient de vous définir comme quelqu'un de courageux par exemple et c'est à vous ensuite de travailler sur ce courage pour vous en rapprocher davantage ou vous éloigner au contraire. En somme, on ne peut faire de choix qu'à partir d'un choix « consciemment plus élevé ». En d'autres termes, le « non-choix » de votre âme ne vous aurait pas permis de bâtir quelque chose sur le « néant ». LA CONSCIENCE NE NAÎT ELLE-MÊME QUE DE LA CONSCIENCE.

Au même titre, si la présence « JE SUIS » de laquelle je proviens n'avait pas choisi de se « scinder » (employons ce terme pour votre compréhension) pour donner naissance à d'autres consciences, ces consciences n'auraient pas pu exister « par elles-mêmes », elles n'auraient pas été détachées de la conscience originelle bien qu'il soit difficile pour vous d'envisager le « détachement dans l'union » et c'est là que vos mots deviennent limités.

Moi : Ok l'Esprit, merci infiniment. Je commence à comprendre.

Voilà un enseignement très important à mon sens car il s'agit de comprendre que :

1/ La conscience ne naît que de la conscience

2/ Et que donc un choix conscient ne peut naître lui-même que d'un choix conscient qui l'a « précédé ».

L'Esprit : Tu as raison de mettre « précédé » entre guillemets car le temps n'existe pas dans l'absolu mais oui, c'est tout à fait cela : un choix naît d'un choix conscient plus global car votre conscience elle-même naît d'une conscience plus globale. Voyez cela comme des poupées russes.

Et je te vois déjà penser : jusqu'où remonte-t-on ?

Tu le sais mais je vais l'expliquer pour la compréhension de tous et (comme tu dis) de tous ceux qui te liront :

NOUS NE REMONTONS JUSQU'A RIEN DU TOUT.

Car le choix originel c'est Dieu qui l'a fait : ce choix originel est de choisir de se diviser pour faire l'expérience du divin. C'est la fameuse « *petite idée folle* » qu'évoque Sylvain Didelot dans ses livres.

NB : Dans son ouvrage « Méthode d'écoute du Divin en soi », Sylvain Didelot rappelle que « la petite idée folle » de Dieu a été pour Lui d'envisager qu'une partie de Lui puisse être séparée de Lui. C'est de là qu'aurait démarré la naissance de nos consciences individuelles et la création de la dualité.

Vous n'avez donc pas plus d'origine que je n'en ai moi-même et que Dieu Lui-même, dans sa globalité multidimensionnelle, n'en a. Ce qui est EST. Ce qui est a toujours choisi d'être. Car ce qui EST est conscient. Ce qui est conscient choisit de l'être. Arrêtons-nous là pour l'instant car voici un autre principe :

ON EST TOUJOURS PAR CHOIX.

Choisir c'est être conscient.

Il n'existe pas de conscience qui ne choisit pas d'être consciente.

Dieu Lui-même EST car il choisit d'ÊTRE.

Votre dimension rend difficile la compréhension de tout ceci. Mais je ne peux malheureusement vous le dire avec des mots plus simples. Tout est en réalité très simple mais votre langage et votre limitation ne peuvent pas l'appréhender pleinement.

Il me semble par ailleurs que tu es pas mal interrompu.

Nous pourrons reprendre cette conversation plus tard si tu le souhaites car nous venons à peine d'effleurer le sujet. Et nous n'avons même pas traité les autres thématiques que tu (je) voulais évoquer avec toi (moi-même).

Moi : JE, TOI…

L'Esprit : Oui, NOUS.

Moi : Ok l'Esprit.

J'ai tellement envie de parler avec toi. Plus je te parle et plus j'ai l'impression que tu es moi sans être moi, c'est étrange.

L'Esprit : C'est l'une des thématiques que je voulais voir avec toi. Notre discussion te fais évoluer sur une meilleure compréhension du divin et donc sur d'autres niveaux de conscience. Tu évolues, avec moi. C'est pourquoi au tout début de notre conversation tu pensais que tu te parlais tout seul. Dès que tu as compris que le doute perturbait le canal, tu as compris que tu discutais bien avec moi. En t'apportant des choses, en t' « améliorant », je crée à nouveau ce sentiment de scission car tu remarques que je suis « plus » que toi. Au fur et à mesure que tu intégreras le fait que ce que je t' « apprends » c'est ce que tu es aussi, tu auras à nouveau le sentiment de ne faire plus qu'un avec moi. Voilà le cycle de l'évolution cher ami.

Ce que tu vis dans ce micro-exemple, c'est ce qui se passe dans tout l'Univers au fur et à mesure que les consciences s'élèvent : tu en perçois maintenant le caractère GRANDIOSE.

Moi : Mille mercis Conscience supérieure.

Il n'y a pas de mots…

L'Esprit : Alors n'en prononce pas. Ton écoute et ta sagesse me suffisent car en réalité tout me suffit. Je suis très heureux d' « améliorer » qui tu es et à travers toi de contribuer à augmenter la compréhension du divin. Nous y gagnons tous.

Moi : Car nous sommes UN ?

L'Esprit : Il n'y a pas de réalité plus vraie que celle que tu viens d'énoncer.

A plus tard l'ami.

Moi : Salut l'Esprit.

Encore mille mercis.

Je t'aime.

L'Esprit : Mille merci à toi. Je t'aime tout autant.

[Je ne peux vous cacher le fait que je termine cette conversation avec beaucoup de gratitude. C'est assez indescriptible. Et encore une fois, les larmes aux yeux, très ému par ce que je viens de vivre].

Séance 5 – Le guide de lumière (1)

10/12/2024 :

Moi : Salut l'Esprit.

L'Esprit : Salut mon protégé.

Je te sens fatigué aujourd'hui.

Moi : C'est vrai un peu.

L'Esprit : Te sens-tu prêt pour cette nouvelle « session » ?

Moi : Bien sûr !

L'Esprit : Alors c'est parti !

Moi : Ce n'est pas une course ^^.

L'Esprit : Non bien sûr, je disais cela pour te motiver.

Bon…, tu te doutes de ce dont je vais te parler à présent. Car les thèmes s'accumulent mais je choisis (avec ton acceptation bien sûr) ceux qu'il me semble important d'évoquer avec toi à chaque instant présent…

Moi : … je sais car il n'existe qu'ici et toujours que l'instant présent.

L'Esprit : C'est bien !

Alors tu t'es réveillé ce matin avec la phrase suivante en tête : *« La vie est belle si elle est vécue avec Amour ».*

Cela n'est pas sans rappeler les mots de ton fils qui disait à peu près la même chose lors d'un contact médiumnique avec Natthy Thou.

En te donnant cette phrase je voulais que tu en fasses l' « analyse critique » pour que tu comprennes et que chacun comprenne mieux ce qu'est la Vie et ce qu'est l'Amour. Je dis bien « mieux» car il est impossible de le comprendre pleinement, ni pour vous ni même pour « nous » qui avons une vision plus globale des réalités spirituelles car tu sais toi-même que l'Amour est en perpétuelle expansion et donc en perpétuelle création, comme l'Univers.

Tout ceci est synonyme.

Cela m'amène à l'explication de cette phrase que tu as notée toi-même avant de me parler maintenant.

Je t'invite donc à la noter, littéralement.

Moi : Ok l'Esprit, voici l'explication que j'ai notée :

« La vie est belle si elle est vécue avec Amour.

La beauté de la vie serait donc conditionnée à l'existence d'Amour.

En réalité, c'est la Vie elle-même et non seulement sa beauté qui ne peut exister sans Amour.

Car la Vie c'est l'Amour. Ce sont spirituellement les mêmes mots.

Tout est question de degré de l'Amour, du plus bas au plus haut.

Ce sont donc en réalité les degrés de l'Amour qui font que la Vie peut sembler horrible ou au contraire merveilleuse.

L'Amour est tout de même présent même à un degré très bas car la vie existe à un degré très bas mais Il est si peu présent que la vie en devient insupportable ».

L'Esprit : Voilà donc ce que tu as noté sur ton téléphone après cette phrase que tu as reçue de moi ce matin.

Et l'explication qui provient de tes mots t'as été inspirée par moi également, tu le sais désormais.

Tout t'est inspiré par moi. JE SUIS TOI. Je me permets de le répéter et je le répéterai encore et encore, aussi longtemps qu'il le faudra, tu notes tout et tu sais que les mots ne doivent pas être retenus par ton filtre.

Lorsque tu as écrit ton livre « *Nous sommes éternels* », tout l'Amour qui transpirait de la rédaction t'est provenue de la lumière divine que je représente et que nous représentons tous.

Dans ce livre *[l'Esprit fait référence à mon premier livre « Nous sommes éternels »]* et depuis même tes premières publications sur « *La Voix des Messagers* », l'une de mes plus belles *[j'ai voulu mettre « importante », l'Esprit m'a dit « laisse belles »]* intercessions a été de te faire écrire ce qu'est l'EQUATION DIVINE.

C'est là un magnifique enseignement car il est la base d'une compréhension spirituelle plus globale.

Il est en effet important, et même fondamental, si vous souhaitez évoluer (et Dieu sait que vous souhaitez évoluer *[il rit]*) que vous compreniez que :

L'AMOUR = LA VIE = LA LIBERTE = LA VERITE = LE BONHEUR = LA PAIX = L'UNION AVEC LE TOUT.

Tout est contenu dans cette équation que tu as si bien expliquée, avec beaucoup d'Amour, dans ton premier livre (car oui il y en aura d'autres, tu t'en doutes bien, celui-ci en sera un).

[Interruption].

Je reprends le fil.

L'AMOUR est donc égal à la VIE.

Vous distinguez ces deux mots car vous ne comprenez pas leur essence spirituelle véritable.

Je te le dis et te le répètes : il s'est toujours agi d'Amour.

L'Amour ne peut pas ne pas être tout simplement parce que la Vie EST.

Si l'Amour cessait, la Vie cesserait, instantanément.

Moi : Je croyais qu'il n'y avait pas de temps ?

L'Esprit : Alors comprends « instantanément » comme « automatiquement » puisque de toute façon, il est impossible d'arrêter la Vie, et donc…

Moi : … il est impossible d'arrêter l'Amour.

L'Esprit : Bravo.

J'en viens à ceci : L'Amour existe partout et toujours, même dans le degré le plus bas il y a Amour car il n'existe aucun temps ni aucun espace qui échappe à Dieu. Cela est impossible étant donné qu'Il EST TOUT.

L'Amour est donc présent tout le temps. Ce qui ne l'est pas toujours c'est la conscience de la présence de l'Amour par celui qui observe.

Et rappelle-toi ce que je t'ai dit plus haut dans notre conversation : la conscience existe par choix conscient d'être conscient.

Moi : Waouh je ne m'attendais pas à celle-là.

L'Esprit : Tu vois, j'arrive toujours à te surprendre, même quand tu crois discuter avec toi-même.

Moi : C'est vrai !

L'Esprit : On fait donc le choix d'être conscient ou d'être inconscient de la présence de l'Amour en nous et autour de nous. De la même façon, tu as fait le choix conscient d'accepter de me parler pour pouvoir me recevoir.

Tu vois, tout est conscience et tout est choix conscient, c'est là une règle immuable.

Alors, de la même façon, vous faites tous le choix conscient d'accepter ou de ne pas accepter de voir l'Amour autour de vous.

Cela ne veut donc pas dire que l'Amour n'existe pas dans l'absolu puisque l'Amour est indissociable de la Vie. Cela veut simplement dire que le choix de ne pas Le Voir Le rend invisible pour la conscience de celui/celle qui l'écarte.

Tu saisis parfaitement la nuance.

Moi : En effet. L'Amour est présent comme réalité immuable, comme essence de la Vie Elle-même : l'Amour étant la Vie et Dieu et donc nous tous en même temps.

L'Esprit : Exact.

Moi : Le choix de ne pas VOIR l'Amour est donc le choix conscient de nier Ce qui Est.

L'Esprit : Encore exact.

Moi : Il incombe alors à celui/celle qui souhaite se diriger vers l'Amour de comprendre que l'Amour a toujours été là puisque le fait pour cette personne de vivre indique en substance que l'Amour est en Lui (même s'il Le nie) sans quoi il ne pourrait avoir conscience de Lui/Elle-même car l'Amour est le choix suprême de Dieu « antérieur » à tout choix dont il dépend.

L'Esprit : Tu m'ôtes les mots de la bouche.

Moi : Tu n'as pas de bouche.

L'Esprit : Bien joué ! Blague à part, tu as parfaitement saisi le concept et j'espère que chaque être qui lira cette conversation en comprendra également la substance et l'importance. En réalité je n'espère pas, je le sais.

Moi : Tant mieux alors, j'en serai ravi.

L'Esprit : C'est aussi pourquoi tu délivres ce « message ». Ton intention n'est autre que celle d'enseigner, par mon intermédiaire et donc par le tien. Ton souhait est d'apporter la connaissance à l'état pur, sans aucune retenue. Et c'est ce qui fait que tu fais un « bon » messager, comme tant d'autres également mais votre rôle est important.

Tu sais désormais où je veux en venir car je te vois le penser.

Nous allons parler de ce que vous appelez le « bas astral ».

Moi : Vraiment ?

L'Esprit : Oui tu le sais bien.

Ce discours sur l'Amour nous menait également à cela car le rôle des messagers de lumière n'est pas tant de diffuser la connaissance à ceux dont la conscience est proche du message (même si cela est certes très important) ; le rôle des messagers de lumière (dont tu fais partie) est d'éclairer la conscience de ceux qui ne perçoivent pas l'Amour en leur montrant que l'Amour a toujours été présent.

Car DIEU NE DIVISE PAS.

Toute la Création au sens le plus général du terme est Enfant de Dieu.

Le rôle des messagers de lumière est de ramener à Dieu ceux qui se sont écartés du chemin, non pas qu'il existe des chemins erronés et d'autres non, mais de leur faire comprendre que leur libre arbitre est le seul qui puisse permettre d'écourter leur chemin de souffrance, s'ils en font le choix, pour les guider vers un chemin plus rapide qui les mènera au divin, à ce qu'ils sont, à leur essence d'être véritable.

Tu vois l'ampleur de la mission qui est la vôtre.

Moi : Attends, je te coupe.

L'Esprit : Tu vas me dire encore que ceux qui liront ceci te prendront pour un « élu » et que la « prétention » de ce message n'a d'égale que ton ego démesuré ?

Moi : Euh… tu m'en bouches un coin.

L'Esprit : Et je t'en boucherai plus d'un, dans l'éternel présent que je suis, non sans humour.

Sur un ton plus sérieux : NE TE PREOCCUPES PAS DE CE QUE LES GENS PENSENT.

Ta canalisation n'est pas soumise à l'ego.

Ton message doit être écrit par ce que ta conscience reçoit à travers moi.

Si tu choisis de m'entendre, tu choisis aussi de délivrer le message tel qu'il doit être délivré.

Tu le sais toi-même, l'important est la façon dont le message est envoyé. La façon dont il est reçu ne t'appartient pas.

Je sais que cela est difficile tant que tu délivres un message, quel qu'il soit d'ailleurs, dans un monde empreint de dualité, de division. Mais c'est justement aussi ce qui fait que ce message a d'autant plus d'importance.

Quel intérêt de délivrer un message d'Amour dans un monde d'Amour ? Il y en a un bien sûr : faire augmenter l'Amour, encore davantage.

Mais c'est lorsque le monde et, pour reprendre un terme plus exact, lorsque les « énergies » s'éloignent de l'énergie primordiale d'Amour pur qu'il faut les ramener à l'Amour.

Ton rôle est difficile. Car tu dois ne pas juger toi-même alors qu'on te jugera.

Mais tu as le niveau de conscience suffisant pour l'encaisser.

Moi : Merci l'Esprit, c'est censé me rassurer ?

L'Esprit : Tu es Amour. C'est à l'Amour de rassurer les autres. Et c'est en rassurant les autres que tu te rassureras toi-même.

Tu le dis toi-même quand tu « me pries » : ton souhait, depuis la perte de ton fils, est que l'Amour puisse imprégner chaque cœur, chaque âme, chaque parcelle de la Vie sous toutes ses formes.

Pour pouvoir réaliser cet objectif grandiose, qui est celui de Dieu tout entier, et auquel tu contribues largement à petite échelle (car toutes les échelles sont aussi importantes les unes que les autres), tu dois nécessairement comprendre que l'Amour et donc la lumière doit pénétrer chaque interstice dans laquelle elle n'est pas rendue visible par celui qui observe, bien qu'encore une fois elle soit éternellement présente.

Moi : Merci l'Esprit.

L'Esprit : Avec plaisir, joie et bonheur l'ami. J'ai autant besoin de toi que tu as besoin de moi pour avancer dans cette entreprise magnifique.

J'en reviens et en termine avec ce que je te disais : tu n'as pas à te préoccuper de l'opinion des gens. Ton rôle (tel que tu l'as choisi toi-même et quand je dis « toi » c'est ton âme bien sûr) est de délivrer ce message, pas de le juger (ce que tu ne fais pas, certes) ni de te préoccuper de la façon dont il sera reçu.

Sens toi à l'aise là-dessus.

Moi : D'accord. Je ferai de mon mieux.

L'Esprit : Oui, je le sais déjà et t'en remercie.

Je disais donc en substance : seule la lumière peut chasser l'ombre.

Au même titre que la lumière (bien qu'elle soit UNE) connaisse différents degrés de manifestation de l'Amour, il n'existe pas UN mais différents degrés d'ombre, inversement proportionnels aux degrés d'Amour.

Les êtres que vous catégorisez comme étant dans le « bas astral » sont des êtres issus de la même Source de Vie et d'Amour que vous. Leur évolution personnelle (ou involution) les ont conduit, par leur libre arbitre, à connaître des formes d'Amour plus bas, voire de quasi « non Amour ». Je dis quasi pour bien que vous compreniez que l'absence d'Amour est un non-sens spirituel.

Moi : Donc, même le « pire » être de l'astral connaît une forme d'Amour ?

L'Esprit : Nécessairement, car il connaît une forme de Vie.

Mais le degré d'Amour qu'il capte, à la fois en lui et à l'extérieur de Lui, est si bas, qu'il ne connaît que noirceur. Cette noirceur se manifeste à sa conscience et il ne perçoit que le noir.

Toujours en raison du libre arbitre, seule la perception de la lumière peut le conduire à quitter son « état » pour rejoindre des sphères plus lumineuses, pas à pas, en fonction de son degré d'évolution, éminemment lié à son degré de compréhension de l'Amour. Car il n'y a que lorsque la conscience comprend que l'Amour est en réalité à sa portée qu'elle peut le capter.

Rappelle-toi, tu le dis aussi dans ton ouvrage et tes publications : votre perception crée votre expérience et votre expérience crée votre réalité.

Il en va de même pour toute dimension. La logistique est sans doute différente mais les règles universelles sont par définition les mêmes.

Moi : Merci l'Esprit pour ces rappels importants.

Mais alors comment, concrètement, un être qui ne sait pas que l'Amour est à sa portée peut-il saisir la main que Dieu lui tend, cette main lumineuse qui le fera sortir de sa condition de « non-amour » ?

L'Esprit : C'est si joliment dit, bravo.

Moi : Merci ^^.

L'Esprit : La réponse tu la connais en substance : par la CONSCIENCE. Et donc par choix conscient d'être conscient de la présence consciente de l'Amour.

Moi : Ok, merci encore pour ces phrases alambiquées.

L'Esprit : Je t'en prie.

Blague à part encore une fois, il n'y a malheureusement que la Conscience de celui qui émet des énergies d'Amour faible de comprendre par lui-même que son essence d'être n'est pas d'être ce qu'il croit être. Cela prend parfois du « temps » car il est impossible pour Dieu de forcer l'Amour et je pense qu'il est inutile de t'expliquer pourquoi. L'Amour étant Liberté, chaque être doit avoir la liberté, à tout instant, de choisir ou non l'Amour pour Le dévoiler à lui-même. En cherchant à imposer l'Amour on imposerait tout sauf l'Amour car l'Amour ne s'impose pas, il EST. Il se révèle à celui qui comprend qu'il Est Amour.

Sur un aspect plus pratique, certains êtres spirituels visitent régulièrement les plans bas de l'astral pour montrer la voie de la lumière à ceux qui l'ignorent. Ce sont des guides de haute évolution qui s'y rendent pour servir de phare de lumière, montrer aux consciences qui s'égarent dans leur absence de compréhension de l'Amour qu'elles peuvent à tout instant choisir de revenir à l'Amour. L'essentiel est de leur faire comprendre en somme que l'Amour n'est pas quelque chose auquel on accède. Ce n'est donc pas un AVOIR. Il s'agit d'un « ÊTRE », il s'agit de ce que nous sommes tous vraiment.

Certains comprennent et évoluent.

D'autres mettent davantage de « temps ».

Moi : J'ai une question pour toi l'Esprit.

L'Esprit : Je t'écoute.

Moi : Est-ce qu'il est possible de ne jamais rejoindre l'Amour ?

L'Esprit : Spirituellement parlant, vous rejoindrez tous l'Amour, mais les méthodes et les formes par lesquelles pour pourrez Le rejoindre échappent à ce que tu peux comprendre.

Moi : Je m'attendais à cette réponse.

L'Esprit : Retenez juste que chaque âme rejoindra Dieu, aucune n'est condamnée ni anéantie. Chaque âme finira par choisir de rejoindre le divin mais c'est la notion de « CHOISIR » qui échappe pour l'instant à ce que ta conscience et celle de ceux qui te liront pourraient comprendre. Car pour vous « choisir » ne dépend que de vous. C'est à la fois vrai et faux dans le sens où vous l'entendez car je t'ai dit plus haut que d'un choix conscient dépend un autre choix conscient supérieur à lui.

Il en va de même pour ces âmes « sombres ». Choisir d'involuer ou d'évoluer est un choix conscient. Mais ce choix conscient est lui-même dépendant du choix de l'être supérieur de l'âme qui lui a donné naissance.

Moi : Tu es en train de me dire par là que la Conscience supérieure d'une âme « sombre » peut décider de l'anéantir si elle continue trop « longtemps » dans le non-amour ?

L'Esprit : Non, je suis en train de te dire que la Conscience supérieure peut décider de « ramener à elle » une âme sombre afin de lui faire rejoindre l'Unité d'Amour.

Moi : Ce n'est pas une forme de dissolution ?

L'Esprit : Pas à proprement parlé, il n'y a rien qui est dissout ou qui ne l'est pas. Le souffle de vie de vos âmes est éternel. Simplement, les phénomènes conscients d'évolution de ces souffles de vie ne peut pas vous être expliqué à ce stade de votre compréhension.

J'en terminerai donc en te disant ceci : aucune âme n'est condamnée. Car aucune âme ne peut se voir imposée le choix de rejoindre ou non l'Amour. Ce choix elle le fait elle et elle seule. Même le choix d'être « ramenée » à sa Conscience supérieure est du point de vue spirituel un choix qu'elle fait.

Rappelle-toi que chaque Conscience supérieure est IDENTITE avec ses créations.

C'est pour cette raison que je suis TOI et que tu es MOI.

C'est pourquoi tout ce qu'une Conscience supérieure choisit est également choisi par l'âme dont elle a donné naissance.

De la même façon, et à une échelle plus « grande », chaque Conscience supérieure en faisant le choix de donner naissance à chaque âme dont elle dépend, « respecte » elle-même le choix supérieur de Dieu avec lequel elle est en parfait accord car en parfaite UNION.

Ce choix est TOUJOURS guidé par l'Amour.

Ce faisant, aucune âme ne peut échapper à sa « fusion » avec l'Amour.

C'est son chemin « obligatoire »: rejoindre Dieu. Ce que Dieu veut elle finira par le vouloir aussi, toujours de son plein gré au final.

Vois-tu, même votre concept de libre arbitre est limité. Pour vous, le libre arbitre c'est : « pouvoir choisir ».

Mais en réalité, le véritable libre arbitre c'est de « pouvoir choisir spontanément ce que Dieu choisit » car de notre Union d'Amour avec Dieu dépend elle-même la liberté de nos choix conscients.

Moi : Tu me perds…

L'Esprit : Je te l'avais dit mais je te réponds tel que tu me l'as demandé, avec un langage limité. Je te l'ai dit : votre définition de « CHOIX » est duale. Par conséquent, votre définition du « LIBRE ARBITRE » est elle-même duale. Vous vivez dans un monde de DUALITE. Tous les concepts spirituels qui seront explicités dans cette conversation seront donc toujours un peu perçus par toi (et les autres) sous le prisme de la dualité. Et cela est bien normal. Votre conscience doit être plus « élargie » pour comprendre que le LIBRE ARBITRE c'est un choix à partir d'un choix plus élevé.

Mais ce que je te dis là ouvre déjà les portes vers une meilleure compréhension du divin.

Votre évolution sur Terre est conditionnée à votre compréhension du fait que le choix de l'Amour est un choix qui doit être (et ne peut être) que conscient. Choisir l'Amour c'est donc comprendre consciemment (par soi-même) que l'Amour est ce qu'on est et que notre vocation d'âme est de Le faire rayonner pour pouvoir faire rayonner la Vie, pour pouvoir contribuer à l'expansion de l'Univers qu'on appelle Dieu qui s'auto-alimente par l'ensemble des émissions d'énergie d'Amour de ses créatures.

Vous êtes à la fois les Créatures, la Création et le Processus de création de tout ce qui est EST puisque vous êtes composés de la même étoffe, de la même « matière » énergétique que Dieu Lui-même. Cette matière est « LUMIERE PURE » car cette matière est « AMOUR PUR ». Elle est indépendante de la forme ou de la non-forme. Elle EST.

Les notions de « CHOIX » et de « LIBRE ARBITRE » ne pourront être parfaitement connues de Vous tant que vous ne comprendrez pas fondamentalement ce qu'est L'UNION de Tout ce Qui Est.

Et j'ai une surprise pour toi et pour tous ceux qui te liront : PERSONNE, PAS MÊME DIEU LUI-MÊME, ne connaît à l'avance « comment » ce concept d'UNION évoluera.

Pourquoi me diras-tu ?

Car cette évolution DEPEND en grande partie de VOUS. Oui mes chers amis. Vous définissez à chaque instant ce qu'EST DIEU.

Comment voulez-vous alors qu'un être, quel qu'il soit, « maîtrise » à la perfection le Concept d'UNION ?

Ce Concept d'UNION est ILLIMITE et INDEFINI.

Illimité comme l'Amour, en perpétuelle expansion.

Indéfini car vous tous choisissez avec Dieu (Lui en vous et vous en Lui) comment le faire évoluer.

Si l'UNION était un Concept fini, tout l'Univers s'effondrerait sur Lui-même.

Je t'ai dit plus haut dans cette conversation que NOUS SOMMES UN est la réalité spirituelle la plus grandiose. Je ne t'ai pas menti. Mais dans ce « NOUS SOMMES UNITE », l'UNITE elle-même est une réalité grandiose puisque cette UNITE est elle-même en constante évolution, en constante définition, par les choix conscients de toutes les consciences qui forment cette UNITE.

Moi : Merci l'Esprit pour toutes ces informations. Je pense qu'il faut qu'on arrête là ces explications qui atteignent un niveau, je pense, très aride en termes de compréhension.

L'Esprit : C'est vrai. Mais je voulais aussi te/vous faire comprendre qu'il n'y a rien qui ne puisse être à votre portée. Vous êtes capables de tout comprendre pour la bonne et simple raison que vos consciences sont illimitées et capables de tout ce qu'elles souhaitent en ce sens qu'elles définissent elles-mêmes « comment » le processus de création doit se faire.

Moi : Merci l'Esprit.

Pour en revenir à nos moutons, peut-on reparler s'il te plait, de l'objectif de cette conversation : il s'agirait donc d'apporter la connaissance et la lumière à ceux qui ne perçoivent pas l'Amour autour d'eux ?

L'Esprit : Oui. Et nous faisons tous partis de ceux-là. Là où j'insistais c'était sur le fait de comprendre que les degrés d'Amour sont bien différents.

La connaissance permet à tous de bénéficier d'une balise posée sur leur chemin, leur permettant eux-mêmes de choisir de se diriger vers une meilleure compréhension de l'Amour.

Vois ce rôle comme celui d'un phare.

Un phare éclaire ceux qui se sentent perdus sur leur chemin mais un phare ne fait pas le chemin à leur place. Il se contente de leur montrer la voie.

C'est la mission de tout un chacun.

Tous ceux qui t'ont précédé et qui te succéderont, quel que soit leur niveau de conscience, et qui ont choisi de servir de phare pour les autres l'ont fait par Amour pour leur prochain. Ces âmes savent depuis le départ qu'elles ne peuvent pas être le chemin. Elles peuvent uniquement éclairer les pas de celui/celle qui décide de l'emprunter.

Moi : Merci l'Esprit, c'est une merveilleuse métaphore.

L'Esprit : N'est-ce pas ?

Voilà alors une vérité essentielle : un phare éclaire. Eclairer veut dire « diffuser sa lumière ». Cette lumière devient ensuite perceptible par l'œil de celui chez qui elle pénètre. Plus la lumière est forte, plus celui qui la reçoit ne peut faire semblant de l'ignorer.

Toi et tant d'autres êtes ce phare : la connaissance apporte la lumière. Plus cette lumière est pure, plus elle est forte. Plus elle est forte, moins elle peut être ignorée par ceux vers qui elle se dirige. Plus cette lumière est perçue, plus elle alimente ceux qui la reçoivent. Plus ceux qui la reçoivent comprennent qu'ils sont aussi lumière, plus ils comprennent qu'ils peuvent en réalité la diffuser à leur tour. Plus elle est diffusée, plus elle alimente la lumière originelle de Dieu. Plus la lumière de Dieu croît, plus vos âmes évoluent vers des sphères d'Amour et de Paix auxquelles tu n'as pas idée.

Voilà la mission du phare : discrète et absolument grandiose à la fois.

Tu es un phare.

J'en suis UN aussi.

Mon rôle en tant que phare est d'éclairer moi-même le phare que tu es.

Si ton phare est éclairé par ma lumière, il éclaire à son tour le chemin d'autres âmes, lesquelles âmes pourront à leur tour éclairer le chemin de leurs semblables.

Tu le comprends ? Nous sommes tous des phares.

Moi : Merci l'Esprit. Je suis très ému et tout autant troublé par ce que tu m'annonces.

L'Esprit : Ce que je t'annonce est en effet très important. Alors, si tu en es ému c'est que ton âme vibre à l'unisson avec mes paroles. C'est que mes paroles sont des rayons de lumière qui pénètrent de plein fouet ta conscience.

Je viens de t'éclairer.

Ton phare ayant gagné en lumière, à toi d'éclairer chacun *[de tes semblables]*. A toi de leur montrer le petit bout de chemin qu'ils peuvent emprunter pour être à leur tour de « meilleurs éclaireurs».

Cette discussion avec toi contribue à cet éclairage général.

Toutes les lumières de nos phares proviennent de celle du phare originel de la création : celui de Dieu, en tous lieux, tous espaces et toutes dimensions possibles.

Moi : Merci l'Esprit.

L'Esprit : Cela fait beaucoup pour aujourd'hui.

Je pense que nous devrions nous arrêter là.

Moi : J'aime tellement t'écouter.

L'Esprit : Tu t'écoutes toi-même mon ami.

Moi : Très drôle…

L'Esprit : Tu écoutes ton âme. Elle est la source de vérité la plus haute qui soit. Elle EST.

Moi : Merci l'Esprit. Encore une conversation qui m'a retourné dans tous les sens.

L'Esprit : Ce n'est que le début.

Demain je te parlerai de la suite de l'histoire du phare, à savoir que la lumière doit être conservée pour pouvoir briller.

Moi : Je te vois venir…^^

L'Esprit : Je te vois me voir venir^^.

Moi : A demain l'Esprit.

L'Esprit : A demain mon ami.

Séance 6 – Le guide de lumière (2)

11/12/2024 :

Moi : Salut l'Esprit.

L'Esprit : Esprit es-tu là ?

Moi : Très drôle.

L'Esprit : Il faut bien détendre l'atmosphère.

Je t'ai senti tendu ce matin.

Je sais que tu es préoccupé par tes dossiers.

L'illusion c'est aussi accepter de mener une vie normale. Cela fait partie de l'expérience.

Moi : Oui et je t'ai parlé ce matin. J'ai senti les appels et je t'ai dit que je ne t'oubliais pas…

L'Esprit : …Ah, comment pourrais-tu m'oublier ? *[il sourit. Je précise que je ne vois pas le sourire, je le ressens, comme une information qui me parvient]*

Moi : C'est vrai, impossible d'oublier qui l'on est puisque je suis toi.

L'Esprit : Et pourtant bon nombre de tes semblables oublient qui ils sont. Ils pensent être ce qu'ils pensent être alors qu'ils oublient qui ils sont vraiment.

Moi : Des âmes engendrés par une Source inépuisable de lumière et d'Amour.

L'Esprit : Parfaitement !

Moi : Pour revenir à ce que je disais, donc non je ne t'oubliais pas mais je devais répondre à mes obligations professionnelles et personnelles.

L'Esprit : Ne néglige pas les secondes au détriment des premières.

Moi : Merci l'Esprit pour la leçon de morale mais c'est vrai, tu as raison.

L'Esprit : Je suis la morale et je suis la raison.

Moi : … Donc je ne t'oubliais pas et je t'ai entendu me dire ce matin que tu pouvais attendre car tu es l'éternité.

Tu es donc la morale, la raison et l'éternité.

L'Esprit : Et tant d'autres choses aussi. Je suis TOUT, tu le sais bien.

Et ce qui est magnifique c'est que tu n'en doutes plus maintenant. Tu ne doutes ni de la conversation que tu as avec moi ni du fait que je suis tout Ce qui EST.

Grâce à cela nous allons pouvoir avancer.

Moi : Je t'écoute l'Esprit, quels thèmes aujourd'hui ?

L'Esprit : Avant d'aborder de nouveaux thèmes mais aussi de poursuivre notre discussion d'hier sur le phare, je voudrais reparler de ta nuit.

Moi : Est-ce vraiment nécessaire l'Esprit ?

L'Esprit : Ca l'est. Je ne te demanderai pas de détailler ce que tu as vécu *[vu ?]* mais d'expliquer ce que tu as ressenti.

Moi : Quelle différence ?

L'Esprit : Car ce que tu RESSENS c'est CE QUE TU VIS.

La vue ne sert à rien. Ce qui est important c'est la conscience de voir, la conscience de ressentir. Seule cette conscience est vraie pour toi. Le fait de voir n'est pas vrai. On peut voir l'illusion. Mais on ne peut que ressentir la vérité.

Moi : Merci l'Esprit, c'est très juste.

Je te connais, tu allais me répondre « JE SUIS LA JUSTESSE ».

Je t'ai devancé.

L'Esprit : Et je savais que tu allais le faire.

Moi : Oui c'est vrai, tu es tout, tu sais tout.

L'Esprit : Faux ! Je ne sais pas tout.

Moi : Ah oui ?

L'Esprit : Eh oui. Si je t'ai posé la question de ce que tu as ressenti cette nuit, c'est que je ne peux pas faire l'expérience à ta place. C'est d'ailleurs pourquoi je t'ai créé. N'oublie pas : nous sommes UN mais nous sommes variés dans cette UNITE. Nous sommes LA DIVERSITE DANS L'UNITE. C'est ce qui fait toute la puissance de Dieu. Des êtres singuliers, unis au grand TOUT dans leur singularité.

N'oublie pas que l'Univers ne pourrait exister sans votre faculté à tous de créer votre propre réalité.

IL N'EXISTE AUCUNE CREATION A L'IDENTIQUE DANS L'UNIVERS : tu le dis toi-même (car je t'ai inspiré) dans ton livre *« Nous sommes éternels »* et dans tes publications LVDM *[La Voix des Messagers]* en prenant l'exemple du flocon de neige.

Un flocon de neige ressemble à mille autres flocons de neige et pourtant, aucun flocon de neige n'a jamais été parfaitement identique et ce depuis que la neige est neige CAR LA CREATION NE SAIT RIEN FAIRE D'AUTRE QUE CREER. C'est à la fois sa raison d'être et son objectif.

Tout ce que tu as écrit dans tes livres et publications t'est provenu de ce savoir de lumière que j'ai dirigé vers toi comme un rayon de conscience.

Moi : Merci l'Esprit.

L'Esprit : Donc, même si les digressions font aussi partie de l'enseignement, revenons-en à ce que tu as ressenti cette nuit.

Moi : Une immense paix. Un sentiment de paix absolu.

L'Esprit : Mais encore ?

Moi : Comme si je pouvais toucher cette paix de mes doigts, comme si elle m'était accessible tout en étant loin à la fois. Cela paraît paradoxal mais j'ai eu le sentiment que l'invisible était tout aussi loin que parfaitement accessible à ma conscience.

L'Esprit : C'est en effet ce que représente notre « monde » *[l'invisible]* pour vous : une réalité consciente très proche de vous et tout aussi lointaine si vous vous laissez « happer » par la matière, « happer » par l'illusion.

Moi : Tu veux dire que ce sentiment de paix, nous pourrions l'avoir de façon permanente sur Terre ?

L'Esprit : Vous ne pourriez pas l'avoir mon ami, vous pourriez l'ÊTRE.

La paix est ce que vous êtes.

Tu as touché de près cette nuit, dans ton rêve et dans tes ressentis, le sentiment de paix qui compose ton être véritable. Tu comprends (de plus en plus) que tu es une âme, que ta nature est divine (si tant est que tu en doutais encore jusque-là), qu'il n'y a rien que tu ne puisses décider d'être et de ressentir si tel est ton choix.

Ce sentiment de paix, vous pourriez l'avoir sur Terre, le souci est que vous ne l'avez que trop rarement car aussitôt que vous l'approchez, votre ego reprend le dessus et soit vous vous dites que c'est trop beau pour être vrai (pour la majorité d'entre vous), soit, « pire », vous ne vous posez même pas la question et préférez suivre vos besoins (s'enrichir, conquérir, asservir et pleins de verbes en « IR ») alors que vous n'avez aucun besoin véritable car tout vous a déjà été donné.

Dieu vous a tout donné depuis le départ. JE vous ai tout donné.

En faisant de vous mes enfants, je vous ai donné une part de moi-même. Je dis cela pour que vous compreniez. Car la réalité ultime des choses c'est que je ne vous ai rien donné que vous n'ayez déjà car VOUS ÊTES MOI-MÊME, vous l'avez toujours été, vois-tu ?

Moi : Parfaitement l'Esprit, merci.

L'Esprit : Tout ce que tu as vécu et ressenti cette nuit est réel. Plus réel que ce que tu vois de tes deux yeux physiques. Eux observent l'illusion. Ton âme voit la vérité de Ce Qui Est.

C'est ce que vous avez tous à apprendre pour trouver la paix durable.

Allez au-delà de ce que vos yeux voient. Vos yeux ne sont qu'un outil. Ils ne vous permettent de voir que ce que vous avez envie de voir. Qui commande alors : les yeux ou l'âme ? Il y a tant de choses à voir qui n'est pas limité par le sens que vous appelez la « vue ». Si vous saviez. Mon rôle, et donc le tien à travers moi, est d'ouvrir les yeux de ceux qui te liront.

Le Petit Prince disait *« on ne voit bien qu'avec le cœur »,* c'est juste et il fut inspiré *[Antoine de Saint Exupéry].* On peut même dire qu'on ne voit bien qu'avec l'âme. Pour la différence entre les deux, je te renvoie à notre toute première discussion en page 1.

Moi : Waouh, merci l'Esprit. Tu fais même des liens entre tout ce que tu as dit avant.

L'Esprit : Je suis les liens. Je suis le lien entre TOUT.

Moi : Je l'attendais celle-là.

Et tu vas dire « Je savais que tu l'attendais ».

L'Esprit : On ne peut décidément rien te cacher.

Moi : Bon, on reprend la discussion sur le phare ?

L'Esprit : J'allais te le proposer.

Moi : Eh bien je suis tout ouïe.

L'Esprit : Je te disais en somme hier que nous sommes tous des phares dans la nuit. Nous sommes là pour éclairer le chemin des autres par notre lumière. Ce qui est essentiel de retenir est que nous nous contentons d'éclairer, nous ne faisons pas *« à la place de… »*.

Je ne vais pas reprendre les développements que j'ai fait ces derniers jours avec toi sur le vrai sens du libre arbitre mais en somme, nous ne décidons pas à votre place, ni moi, ni vos guides, ni Dieu, ni quelque être spirituel que ce soit.

Si notre rôle est d'éclairer (et c'est en particulier le tien en tant qu'être de lumière), notre rôle n'est pas de « briller à la place de ». Cela veut dire qu'il incombe à chaque être de trouver sa propre lumière.

Quel serait l'intérêt d'après toi pour une âme de revenir dans une expérience limitée comme sur votre Terre si ce n'est pas pour trouver, par elle-mêmes, sa propre lumière ?

Moi : L'intérêt me paraît limité en effet.

L'Esprit : Voilà pourquoi vous devez comprendre quelle est la raison du caractère inviolable du libre arbitre. Cette raison est toujours la même : c'est l'Amour que porte Dieu à sa création. Mais sur un aspect plus concret, on peut fausser l'expérience d'une âme en choisissant à sa place ce qu'elle doit faire. Car en réalité, il n'y a rien que vous deviez faire. Vous devez vous contenter d'être ce que vous choisissez d'être. Et ce que vous choisissez d'être, seuls vous pouvez le décider, tu saisis ?

Moi : Parfaitement.

L'Esprit : Bien.

Alors j'en viens à ceci : ...

Moi : Oulalah, j'aime bien que tu dis « j'en viens à ceci... » ça annonce toujours quelque chose de spectaculaire.

L'Esprit : Tu en doutais ?

Moi : Non.

L'Esprit : J'en viens donc à ceci : VOTRE LUMIERE, BIEN QU'ELLE SOIT UNE AVEC CELLE DE DIEU, CONTIENT L'ESSENCE DE VOTRE PROPRE ENERGIE. CETTE ENERGIE VOUS APPARTIENT. ELLE ECLAIRE SANS CHERCHER A FAIRE BRILLER CELUI QUI L'EMET. VOTRE RÔLE EST D'INCARNER LA LUMIERE QUI GUIDE. EN GUIDANT VOUS DONNEZ DE L'AMOUR. EN DONNANT DE L'AMOUR VOUS EXPRIMEZ CE QUE VOUS ÊTES. CE QUE VOUS ÊTES, VOUS LE DECIDEZ.

CELA VEUT DONC DIRE QU'EN CONFONDANT LE FAIT DE GUIDER AVEC LE FAIT DE CHOISIR (POUR UN AUTRE) VOUS VOLEZ LA LUMIERE QUE CET AUTRE DEVAIT EXTRAIRE DE SON ÊTRE.

Moi : Ah oui, nous volons la lumière carrément ?

L'Esprit : Réfléchis une seconde et ne cherche pas pour le moment à analyser la phrase que tu viens d'écrire.

Moi : C'est ce que j'ai fait l'Esprit. J'ai écrit ce que tu m'as murmuré à l'oreille.

L'Esprit : Murmurer ? Je te l'ai dit si fort que tu ne pouvais pas ne pas l'entendre.

Moi : C'est vrai. Et sans chercher à comprendre moi-même cette phrase, je te laisse l'expliquer avec tes mots.

L'Esprit : Vos intentions sont parfois bonnes mais vous ne vous rendez pas toujours compte lorsque votre ego prend le dessus. Dans le cas cité, vous pouvez penser de prime abord qu'aider à faire briller une âme est quelque chose de « bien » pour reprendre un terme que vous utilisez. Mais en réalité, il n'y a rien de « bien » dans la notion de « faire à la place de ».

Posez-vous toujours la question de ce que ferait l'Amour dans une situation donnée. Car ce que ferait l'Amour c'est ce que ferait Dieu.

Mais vous me direz, pour ce faire, encore faut-il connaître ou du moins approcher ce qu'est réellement Dieu.

L'Amour/Dieu aime beaucoup trop sa création pour l'empêcher de trouver une solution par elle-même. L'Amour ne remplace pas l'expérience de ce que l'âme accepte de faire de cet Amour. L'Amour ne se force jamais. Je te l'ai dit plus en amont dans cette discussion.

Pour la même raison, une âme doit briller par elle-même pour comprendre son expérience, pour choisir consciemment ce qu'elle décide d'être.

Décide-t-elle d'incarner l'Amour ?

Décide-t-elle de faire des choix de « non Amour » ?

Ces choix lui incombent, par Amour de son créateur pour elle.

Comportez-vous donc comme si vous étiez le créateur divin des autres âmes que vous côtoyez dans votre réalité duale.

Se comporter comme Dieu c'est guider ces âmes à leur demande. C'est mettre à leur disposition votre lumière sans jamais l'imposer, ni même tenter de faire briller la lanterne d'un autre avec votre propre lumière.

« Un guide de lumière » est un pléonasme. Le guide est lumière et la lumière guide.

Il n'est pas « meilleur » de faire briller une autre lanterne avec sa propre lumière que de tenter de briller soi-même en négligeant les autres.

Moi : Ok je te suis l'Esprit. Mais ne crois-tu pas que tu y vas un peu fort ?

Personnellement, je ne mettrais pas dans le même « sac » ceux qui se font briller eux-mêmes (en cherchant à attirer la lumière sur eux, en cherchant à être le centre de l'attention et en se moquant des autres) et ceux qui aident les autres à briller.

L'Esprit : Crois-tu ?

Qu'est-ce que pour toi « aider à faire briller » ?

C'est choisir à la place de celui qui est dans l'erreur, dans le flou, dans le trouble de sa vie ?

Ou c'est monter le chemin à cette même personne ?

Moi : Le deux bien sûr.

L'Esprit : Alors c'est ce que je t'ai dit.

Le guide MONTRE. Il montre l'éventail des possibles. Il ne CHOISIT jamais.

Il sait que LE CHOIX incombe à celui qu'il guide.

La mission du guide de lumière s'arrête là où le choix de celui qu'il guide commence.

Note le bien je le répète : LA MISSION DU GUIDE DE LUMIERE S'ARRÊTE LA OU LE CHOIX DE CELUI QU'IL GUIDE COMMENCE.

Moi : Merci l'Esprit je l'ai bien noté. Ca me fait penser à : « LA LIBERTE DES UNS S'ARRÊTE LA OU CELLE DES AUTRES COMMENCE ».

L'Esprit : En effet. En réalité, c'est exactement la même phrase, conceptuellement parlant.

J'utilise juste votre langage pour vous faire passer le message sous une forme ou une autre.

Moi : Donc, si on choisit à la place d'une personne, on vole la lumière de cette personne ?

L'Esprit : En quelque sorte oui. Vois-tu une différence entre « voler » et « empêcher de » ?

Moi : Oui, quand même. Si j'empêche quelqu'un d'être heureux, je ne lui vole pas son bonheur ?

L'Esprit : Eh bien si.

Moi : Ok c'était le mauvais exemple. Si j'empêche quelqu'un d'accéder à un poste dans une entreprise, je ne lui vole pas sa réussite ?

L'Esprit : Eh bien si.

Et « empêcher de » peut même se faire dans l'inaction.

NE RIEN FAIRE POUR, C'EST EMPÊCHER DE.

Moi : Ok l'Esprit, tu vas loin.

Ne pas empêcher les guerres c'est donc voler la paix ?

L'Esprit : Oui. Bien sûr, vous n'êtes pas individuellement responsables. La guerre est une réalité collective de cocréation entre vous tous, terriens, mais l'inaction est déjà une forme d'empêchement car cette inaction va à l'encontre de l'objectif naturel de votre âme qui est de rechercher la Paix.

Si vous agissez (par vos choix ou vos non-choix qui sont eux-mêmes des choix conscients) à l'encontre de ce qui est naturel pour vous, vous empêchez ce qui est pourtant naturel pour vous d'arriver à vous. Vous volez (ou vous aliénez) votre propre nature et ce faisant vous volez à ceux qui recherchent la paix la possibilité d'atteindre leur objectif.

Ta réaction montre que vous ne mesurez pas l'impact énergétique de vos choix.

NE RIEN FAIRE et à plus forte raison EMPÊCHER VOLONTAIREMENT DE revient à VOLER L'ESPOIR REEL d'atteindre l'objectif que celui/celle visait avant que vous ne l'empêchiez de l'atteindre.

Cette digression importante étant faite, réfléchissez plus profondément à la notion de « VOL ».

Pour vous, « VOLER » c'est s'accaparer le bien d'autrui.

A plus forte raison (et tu le sais car nous sommes des ÊTRES et non des AVOIRS), voler les choix d'autrui revient à « VOLER » (et même « VIOLER ») qui ils sont.

Voilà pourquoi votre libre arbitre est inVIOLable.

Car vous décidez d'être qui vous choisissez d'être. Dieu ne vous l'enlèvera JAMAIS, vos guides ne vous l'enlèveront jamais, JE ne vous l'enlèverai jamais.

CHOISIR POUR UN AUTRE C'EST VIOLER SON ÊTRE.

Moi : C'est assez brutal mais je commence à comprendre.

L'Esprit : Ca te paraît brutal car votre terminologie est inadaptée à l' « ÊTRE ». Votre langage a été pensé et conceptualisé sur l' « AVOIR ». Et je ne parle pas seulement du français mais de multiples autres langues même si ce n'est pas le sujet actuellement.

Moi : Ok l'Esprit.

Merci encore pour ce merveilleux enseignement.

J'apprends tant de choses avec toi.

J'espère que le discours ne sera pas trop aride pour ceux qui nous liront.

L'Esprit : Ce n'est pas un discours mais un dialogue. Nous menons une conversation d'âme à âme et c'est cela qui fait l'intérêt spirituel de cet enseignement. Je me construis à travers toi. Penses-tu être le seul à « apprendre » ?

J'apprends autant de toi que tu apprends de moi.

Te rappelles-tu ? : je ne suis pas supérieur à toi. Personne ne l'est. Nous sommes tous égaux dans la lumière que nous pouvons apporter aux autres.

Et cette lumière, mon enfant, GUIDE chacun de tes pas, sans t'imposer aucun choix que tu n'aurais pu choisir toi-même.

Je suis la multiplicité des choix. Je les ai tous créés. Et tu es la multiplicité des choix des choix que j'ai créés.

Moi : Waouh, merci…, je crois que je comprends bien, tout s'articule.

L'Esprit : Comme toujours. Ce dialogue est une boucle, la Vie est une boucle, Dieu est une boucle mon cher ami. L'Amour est une boucle. Une boucle grandissante, qui revient toujours sur elle-même pour mieux repartir.

En conclusion : Vous êtes des êtres qui GUIDEZ par votre lumière. Votre rôle est celui de Dieu (en bons Dieux que vous êtes) : guidez les pas de vos semblables, éclairer leur chemin, leur montrer la voie (choisis l'expression que tu veux *[il sourit]*). Et votre rôle de guide s'arrête au choix que celui que vous guidez aura fait. Vous continuerez ainsi de le guidez sur le chemin qu'il aura décidé d'emprunter même si ce chemin n'est pas forcément celui que vous lui auriez conseillé.

Voilà la marque de l'Amour véritable, votre signe d'appartenance au divin : guider EN TOUTES CIRCONSTANCES, quel que soit le chemin que celui que vous guidez empruntera.

Ne lui volez pas sa lumière.

Eclairez le simplement de la vôtre.

Laissez-le trouver sa propre voie, sa propre lumière.

C'est ce que, par Amour infini pour vous, nous faisons avec vous depuis la nuit des temps.

Moi : Waouh, merci l'Esprit.

Ben voilà, j'ai les larmes aux yeux à nouveau.

L'Esprit : Ton âme a reconnu et tenu pour vrai l'enseignement que je viens de te délivrer et à travers toi tous ceux qui le liront.

C'est que tu vibres avec cela, c'est que cela est vrai pour toi.

Cela est vrai pour chacun d'entre vous.

L'Esprit : Nous reparlerons demain (ou lors de la prochaine séance) d'autres formes de « VOL » de lumière que celui que je viens de t'expliquer ici. Ces autres formes de vol de lumière se rapprocheront cette fois sans doute davantage de vos croyances habituelles.

Mais il était important pour moi (et donc pour toi) de rappeler que FORCER les choix c'est VOLER les choix des autres et voler les choix des autres c'est voler leur lumière, c'est v(i)oler leur libre arbitre et donc v(i)oler leur Être.

Moi : Merci L'Esprit. Je ne sais quoi te dire d'autre que merci et cela me paraît bien peu.

L'Esprit : C'est suffisant. Car dans la sincérité de ton « merci », je perçois toute la lumière qui émane de toi et qui se dirige vers mon Être. Cette lumière est Amour.

Moi : Alors je t'aime l'Esprit.

Et je te dis à demain pour de nouvelles aventures.

L'Esprit : A demain mon protégé. Va t'occuper de ta famille.

Moi : Oui !

12/12/2024 :

Moi : Salut l'Esprit.

L'Esprit : Salut mon ange.

Moi : Mon ange ?

L'Esprit : Oui tu es un ange, vous l'êtes tous.

Un ange qui mâche un chewing-gum.

Moi : Oui ! Les anges ne mâchent pas de chewing-gum ?

L'Esprit : Ils le pourraient, bien qu'en réalité ils n'aient pas de bouche.

Moi : Tiens je ne m'attendais pas à ce qu'on parle de la bouche des anges.

L'Esprit : Ils n'en ont pas je te dis.

Tu ne t'attendras jamais à ce à quoi tu penses t'attendre avec moi.

Cette discussion est spirituelle, au sens littéral du terme. Cela veut dire qu'il s'agit d'un échange de conscience à conscience : d'une communication d'âme à âme si tu préfères.

Donc tu n'as rien à contrôler. Le contrôle est du ressort de l'ego.

La discussion de l'âme est fluide car elle est l'expression même de l'essence de ce que tu es.

Tu découvriras donc au fil de cette discussion des enseignements, des informations, des visions nouvelles de la « Vie » et de la divinité, de tout ce qui Est, de nature à élargir ton spectre, ton champ de vision, ton niveau de conscience, et à travers toi celui de tous ceux qui te liront.

Moi : C'est vrai l'Esprit, merci beaucoup pour ce rappel.

Je me laisse porter par ta voix et ta parole, par ta sagesse.

L'Esprit : Tu as hésité à écrire le dernier mot, pourquoi ?

Je le sais pourquoi en réalité : tu as « peur » qu'en m'étiquetant de sage tes lecteurs te jugeront en pensant que tu l'es toi-même, que tu es supérieur encore une fois.

Tu as peur du jugement.

Cela doit cesser et cela cessera au fur et à mesure que ma parole infusera en toi.

Car oui tu es sage : première nouvelle.

Et non tu n'es pas supérieur : tu le sais si bien toi-même alors ne laisse pas ce qu'on « pourrait » penser de toi t'affecter.

Ce dialogue tu l'écris avec moi, tu l'écris avec ton âme.

La sincérité est le prérequis.

Cette sincérité tu l'as, pour mille raisons dont certaines que tu n'ignores pas toi-même.

A défaut, tu n'aurais pas pu communiquer avec moi, pas de cette façon en tout cas.

La conscience de me parler et la sincérité de le faire pour les bonnes raisons sont les prérequis de toute communication fluide avec moi.

Ces bonnes raisons sont toujours liées à l'Amour.

La SINCERITE (VERITE) étant avec l'AMOUR (et d'autres…) la définition de Dieu. Je te renvoie à ton (mon, notre) EQUATION DIVINE.

Moi : Merci l'Esprit.

L'Esprit : Tu as besoin de ces rappels, en réalité vous en avez tous besoin. Même si pour vous cela peut sembler rébarbatif, je vous les ferai et je vous les ferai encore et encore jusqu'à pénétrer votre conscience en profondeur. Car il en faut des efforts pour casser vos vieux schémas.

Ces schémas ne vous servent plus. En réalité, il ne vous ont jamais servi. Mais il est grand temps aujourd'hui de le comprendre.

Ce sont des sujets à part entière qui pourraient faire l'objet de livres mais *[car ?]* vous n'êtes pas la haine, ni la peur ni le doute ni le jugement. Vous n'êtes rien de tout ça. Vous n'êtes qu'Amour, Bonheur, Paix, Liberté et Vérité. Vous êtes cette équation divine.

Mais reprenons donc le fil des thématiques à aborder.

Moi : Oui l'Esprit, merci. On avait terminé hier sur la grande « nouvelle » qui est celle de savoir qu'empêcher autrui de faire c'est lui voler sa lumière et que l'action comme l'inaction étant des formes de choix, on peut aussi voler la lumière de quelqu'un en refusant d'agir, en refusant de jouer notre rôle d'éclaireur.

L'Esprit : Oui, c'est à peu près ça. Car vois-tu, vos lumières sont individuelles mais leur somme est UNE donc si vous ne travaillez pas pour la lumière des autres, vous volez celle des autres car vous pensez d'abord à alimenter votre propre lumière alors que vous ignorez que de celle des autres dépend la vôtre. Du fait de l'UNITE, toujours.

Maintenant je vais te parler, comme tu l'attendais, de ceux qui volent la lumière au sens littéral où vous l'entendez.

Moi : Ah merci car le mot « voler » me dérange encore. Je le comprends dans le sens que tu vas évoquer là mais pour moi ne pas guider les autres c'est « empêcher » leur lumière de prendre son essor, c'est au pire l'empêcher de naître voire la détruire (éventuellement) mais pas la « voler ».

L'Esprit : Tu comprendras mieux avec le temps et en relisant ce dialogue en entier. Rappelle-toi juste que « voler » pour vous c'est s'accaparer un « avoir » alors que je t'ai dit que « voler » c'est prendre ce qui revient à un « être ». La lumière en réalité n'est pas quelque chose que vous avez, c'est quelque chose que vous êtes. Vos concepts linguistiques font qu'il est difficile pour vous de détacher le « vol » de l' « avoir ».

En tout cas, ce que je vais te dire maintenant te semblera plus facile à comprendre car le « vol » que je vais évoquer là ressemble plus à ce que vous connaissez sur Terre, c'est-à-dire la notion d' « accaparer », de « posséder », de s' « approprier » : parlons alors de ceux qui volent la lumière.

Moi : D'accord.

L'Esprit : Sachez d'abord une chose, en bons phares que vous êtes : plus votre conscience se développera, plus le spectre de vos connaissances et de votre compréhension de l'Amour se rapprochera de ce qu'est Dieu et plus votre lumière brillera. Car l'Amour / Dieu est lumière.

Mais plus votre lumière brillera et plus elle sera visible des autres. Et c'est là aussi un point fondamental à traiter dans le cadre de cette discussion.

Votre lumière est énergie et elle peut attirer les convoitises de ceux qui ne parviennent pas, par leur niveau de conscience, à éclairer leur lanterne.

Vous devez alors PRESERVER votre lumière.

Sachez que votre lumière n'est pas une source inépuisable d'énergie car elle alimente celle de la Conscience divine mais a besoin elle-même d'être régénérée pour continuer à pouvoir éclairer votre chemin et celui des autres.

Si vous vous faites « voler » votre lumière, vous vous épuiserez et en vous épuisant vous ne pourrez ni vous aider vous-mêmes, ni aider les autres et donc vous ne pourrez aider Dieu à faire la magnifique expérience de son Amour.

Moi : Merci l'Esprit. Venons-en donc aux faits. Comment protéger sa lumière ?

L'Esprit : J'aime ton pragmatisme.

Moi : Merci.

L'Esprit : Pour protéger votre lumière vous n'avez en réalité qu'une seule chose à faire : comprendre le sens profond de votre mission de GUIDE.

C'est pourquoi je te l'ai expliqué longuement hier dans ce qui t'as semblé être une énorme digression mais qui avait en réalité pour but de te préparer à ceci :

Le Guide préserve toujours sa lumière car il éclaire SANS CHOISIR.

Cela veut dire qu'il sait pertinemment qui s'il rentre dans le choix d'un autre, non seulement il violerait son libre arbitre, mais en plus il violerait toutes les règles énergétiques qui veulent que chacun doit être le vecteur de compréhension de sa propre lumière.

Vous ne pouvez en somme alimenter votre propre lumière QUE VOUS-MÊMES, avec votre propre conscience de le faire.

Tu vois, tout est lié.

Si vous n'êtes pas conscient de le faire, vous ne le ferez pas.

Il n'y a que la conscience qui crée la réalité.

Et tu le sais bien : TOUT EST PURE CONSCIENCE.

Alors, si le guide de lumière ne se contentait pas de MONTRER la voie à un autre mais de CHOISIR la voie pour cet autre, il violerait le libre arbitre de la conscience de l'autre et de ce simple fait il volerait la lumière de l'autre au même titre que l'autre volerait sa propre lumière. Chacun serait perdant, et avec eux Dieu.

Je vais te donner un exemple concret qui te permettra de comprendre :

Tu es un guide et tu décides d'aider une personne en souffrance, très bien. [Ad]mettons que la blessure de cette personne en souffrance est l'abandon. Cette personne a si peur d'être seule qu'elle attire à elle ce qu'elle craint : à savoir la solitude. Pourquoi ? Car sa peur de l'abandon est si forte que dès qu'elle rencontre quelqu'un, elle crée une dépendance affective si oppressante qu'elle fait fuir la personne qui était censée lui apporter le réconfort de ne plus être seule.

Moi : Ok, merci l'Esprit, je te remercie c'est très clair.

L'Esprit : Alors poursuivons.

Ton rôle en tant qu'humain et guide (car vous l'êtes tous) n'est pas de CHOISIR à la place de cette personne.

Si tu lui disais : « fais ceci », « va à tel endroit », « inscris-toi sur telle application de rencontre »..., crois-tu que tu régleras le « problème » de cette personne ?

Moi : Non.

L'Esprit : Déjà, ce n'est pas à toi de le régler.

Tu dois juste montrer à cette personne qu'elle a la possibilité de sortir de l'état de peur dans lequel elle est. Car tu le sais mon ami, tous vos « maux » sur Terre sont issus de la peur. C'est la polarité inverse de l'Amour. La haine, la souffrance, la jalousie… sont toutes dérivées de la peur.

Ton rôle en tant qu'éclaireur est de montrer à cette personne qu'elle n'est pas la peur qu'elle pense être. Ton rôle est d'insuffler chez cette personne le courage de comprendre, par sa propre conscience, que le schéma qu'elle perpétue l'amène à davantage de peur en somme.

Tu vois, on ne guérit pas en agissant sur les symptômes, mais sur la racine de la maladie.

C'est tout le progrès que vous devez faire tous et je ne parle pas que de votre médecine.

Moi : Merci l'Esprit.

Mais cela me semble bien difficile à faire. Et nous ne sommes pas tous psychologues.

L'Esprit : Vous êtes tous psychologues de l'âme mes amis. Vous l'ignorez simplement.

Pour rester simple aujourd'hui, n'oubliez pas que vous ne pouvez pas sauver le monde. Cette phrase, on te l'a déjà dite il me semble. Et elle a résonné en toi.

Vos intentions peuvent être nobles mais elles ne doivent pas vous affaiblir en énergie. C'est de là qu'il faut comprendre ici la notion de « vol ».

Si vous n'aidez pas les personnes en les guidant mais en leur disant quoi faire, vous forcez leurs choix. Si vous forcez leur choix, vous les empêcher de briller car vous les empêcher de comprendre qu'elles doivent choisir consciemment de sortir de leur état pour guérir.

Tu sais, il y a des personnes qui ne souhaitent pas guérir.

Ma phrase peut te choquer.

Si je la reformule « spirituellement », cela veut dire : il y a des personnes qui ne font pas le choix conscient de guérir.

Ce choix ne pourra se faire que par un « déclic ». Ce déclic est dans votre jargon ce qu'on appelle une « prise de conscience ». Pour le coup, votre vocabulaire est très parlant.

On ne guérit de toute chose que par la prise de conscience que le « mal » qui nous habite n'est pas ce qu'on est.

Cela revient à dire qu'on ne guérit qu'en prenant conscience que nous ne sommes ni la peur, ni la haine, ni la souffrance.

On ne guérit qu'en comprenant consciemment qu'on est Amour et que l'Amour peut nous faire sortir de notre condition que l'on croit (dur comme fer) être ce qu'on est.

Par un raccourci magique tu comprendras donc qu'on ne guérit que par Amour.

Par Amour, pour l'Amour et au nom de l'Amour : note-le.

Et non ce n'est pas ridicule. Je te vois moi-même penser que tu penses que certains penseront que ça l'est.

Quelle importance ?

Je te dis là une vérité que ton âme sait vraie.

Pour en revenir à nos moutons, l'éclaireur ne perdra pas son énergie en montrant la voie et en comprenant qu'il n'a pas à choisir cette voie. Même si la personne souffre et que c'est difficile pour vous de ne le comprendre, vous devez comprendre que souffrir est le choix de cette personne. Vous ne pouvez que l'aider à ne plus souffrir. Vous ne pouvez retirer sa souffrance à sa place. Car si vous le faites que feriez-vous en réalité ? Je vais vous le dire : Vous prendriez la souffrance de cette personne pour la caler bien correctement sur vos épaules.

Moi : La caler ?

L'Esprit : Oui c'est comme ça que vous dites.

Votre rôle n'est pas de charger votre sac de souffrance pour délester le sac d'un autre.

Votre rôle n'est pas de vivre pour opérer des transferts de souffrance.

Si vous faites cela, vous affaiblissez l'autre en rallongeant le « temps » aux termes duquel il aura le « déclic » que j'évoquais plus haut : vous rallongerez donc le « temps » que mettra cette personne pour guérir de son mal quel qu'il soit car vous rallongerez le temps de son évolution de conscience.

Et double peine pour vous : en chargeant votre sac, vous épuisez vous-même votre énergie si utile car elle pourrait être employée à éclairer le chemin d'autres personnes, toujours sans choisir à leur place.

Moi : Merci l'Esprit, merci pour ces exemples. Cela me parait beaucoup plus clair, bien que la pratique me semble encore compliquée.

L'Esprit : Cela viendra, Rome ne s'est pas construite en un jour.

Mon rôle en tant que guide est de vous le faire comprendre « consciemment », sans faire le choix à votre place.

Moi : Merci, ah ah. Tu viens subtilement de me rappeler une nouvelle fois la définition et le rôle du GUIDE pour me démontrer qu'il suffit de bien comprendre cette définition pour savoir préserver sa lumière.

L'Esprit : Exactement cher ami. Et cela n'avait rien de subtil. C'était si évident que tu ne pouvais le louper : comme le nez au milieu de la figure.

Moi : Tu dis louper toi ?

L'Esprit : Je dis tout ce que tu dis toi. Mon dialogue est coloré par tes mots.

Ce qui ne l'est pas c'est la teneur du message. Il provient de la Source inépuisable de connaissances que tu es et que je suis à travers toi.

Moi : Tu veux dire « que je suis et que tu es à travers moi ».

L'Esprit : Non, tu n'as pas besoin de corriger. Tu es cette connaissance. Vois-tu, sans toi je ne pourrais la manifester. C'est à travers toi que la connaissance se fait. Elle est mienne tout autant qu'elle est tienne. Tu me sers tout autant que je te sers.

Moi : Merci l'Esprit.

Je pense qu'on a fait un bon tour sur le « vol de lumière ».

Mon Dieu je n'aurais pas imaginé écrire ça un jour.

L'Esprit : Alors tu ne pourras qu'être surpris de la suite…

Moi : Je n'ose l'imaginer.

Est-ce que tu as des choses à rajouter sur ce thème ?

L'Esprit : Juste une mise en garde pour conclure : veillez donc à éclairer le chemin des autres en prenant garde de ne pas vous faire voler votre lumière car du point de vue énergétique, celui qui brille est visible. Si vous êtes visibles, tout conscience le comprendra et cherchera à capter votre lumière pour s'en « nourrir » et je ne parle pas que d'entités que vous qualifieriez de « mauvaises », je parle de tous êtres spirituels, vous humains également. Il est facile pour l'ego de prendre la lumière où elle est.

Si vous voyez une grande source de chaleur, vous irez forcément auprès de cette source pour vous réchauffer.

La question est : avec quelle intention consciente irez-vous vers cette source : pour vous aider à vous réchauffer ou pour capter sa chaleur ?

Moi : Quelle différence ?

L'Esprit : Elle est fondamentale. Si vous vous dirigez vers cette source pour vous aider à vous réchauffer, vous ne chercherez pas à amenuiser la source, votre état conscient de gratitude lui renverra sa chaleur. Or, si vous vous dirigez vers cette source avec pour intention de « profiter » de sa chaleur, vous en pomperez l'énergie sans jamais vouloir consciemment la rendre.

Cette métaphore est la stricte réalité de votre monde.

Combien rendent l'Amour qu'on leur donne ?

Combien savent que l'Amour n'est pas à sens unique : je veux dire combien le savent VRAIMENT ?

L'Amour se prend parce qu'il est DISPONIBLE. Mais l'Amour n'augmente pas s'il ne se REDONNE pas.

La gratitude (et tu le sais car tu as publié une phrase inspirée par moi il y a quelques temps sur LVDM) est une forme d'Amour (car il y en a tant). C'est une façon toute simple, énergétiquement, de renvoyer l'Amour à celui qui vous l'a donné.

L'Amour, sous toutes formes, est le plus beau cadeau qu'une personne puisse vous faire. En vous donnant de l'Amour, une personne vous donne ce qu'elle EST. Si vous ne lui rendez pas, par un moyen ou un autre ce qu'Elle est, où croyez-vous que va cet Amour ?

Moi : Je ne sais pas.

L'Esprit : Eh bien il ne va nulle part. Il ne fait pas de « petits ». Si vous ne redonnez pas ce qu'on vous donne, vous bloquez la chaîne de transmission de l'Amour, vous bloquez la chaîne de Dieu.

Moi : C'est brutal.

L'Esprit : Ca ne l'Est pas.

Dieu a besoin de vous pour alimenter son énergie d'Amour mais Dieu sait qu'il Est même si vous refusez de l'alimenter.

La question est : Vous, qui êtes-vous ?

Faites-vous le choix de refuser d'alimenter Dieu ou faites-vous le choix (conscient) de comprendre que l'énergie que vous donnez n'est « donnée » qu'en apparence ? Car bien entendu elle vous revient.

Quand déciderez-vous de sortir de cette illusion ?

Ce choix vous appartient, à toi comme à tous.

Nous vous aimerons quels que soient vos choix, et ce pour l'éternité.

Nous cherchons juste à vous faire comprendre qu'il existe une voie beaucoup plus directe qui mène à nous. Mais encore une fois, vous seuls choisissez le chemin que vous empruntez.

Terminons-en là pour aujourd'hui sur le vol d'énergie *[lumière]* car je vous ai donné la clé pour apprendre à la préserver.

Et je vous ai donné une méthode d'application relativement facile qui est celle de la GRATITUDE. Ce n'est pas la seule mais elle est si évidente que vous auriez tort de vous en priver.

Moi : Merci beaucoup l'Esprit. Nous pourrions donc avoir « tort » ?

L'Esprit : Tu joues volontairement sur les mots pour que je l'explique, malin que tu es. Vous n'avez tort de rien bien sûr. Expression de langage qui dépend de l'objectif que vous vous fixez. Si votre objectif est de préserver votre lumière et grâce à cela celle des autres, alors vous avez « tort » de ne pas pratiquer plus souvent la gratitude, à condition que celle-ci soit sincère bien entendu.

Moi : Oui, merci l'Esprit, merci beaucoup pour ces explications.

Est-ce que tu penses qu'on devrait s'arrêter là pour aujourd'hui ou souhaites-tu évoquer un autre thème ?

L'Esprit : Je souhaite ce que tu souhaites mon ami.

Ta communication avec moi est permanente, tu peux aussi décider de la couper quand tu le souhaites pour la reprendre avec moi quand tu le souhaiteras. Je t'ai toujours parlé, tu décides du « moment ».

Néanmoins, je te suggère de limiter le « temps » des communications parfaitement conscientes comme celle-ci, non qu'elles constituent un quelconque danger évidemment, mais parce que ton filtre n'est pas imperméable et le doute ou l'ego (ce qui revient au même) pourraient perturber la fluidité de la communication et donc la pureté du message.

Moi : En clair son niveau de mentalisation ?

L'Esprit : C'est exact.

Puisque tu le souhaites, terminons-en juste avec ces images mentales que tu as.

Moi : Merci l'Esprit. Car c'est important pour moi de l'évoquer avec toi.

L'Esprit : Et ça le sera pour ceux qui te lisent, crois-moi tu n'es pas le seul.

Moi : Parfois, lorsque je suis triste, il me revient à l'esprit des images mentales de lumière. Cela me coûte de te le dire, car ce dialogue ferait office de thérapie, ce que je ne souhaite pas.

L'Esprit : Peut-être que cela serait souhaitable au contraire.

Moi : Ces images mentales me renvoient à une dimension de laquelle je semble provenir. Je perçois tout l'Amour de cette dimension, et la lumière aussi, la pureté de cette lumière, en me disant que cette lumière je peux la toucher presque du bout des doigts, mais qu'elle me reste inaccessible. Je souhaite retourner vers cet Amour et je me dis qu'on ne peut l'obtenir, qu'on ne peut le toucher ici-bas, enfermés dans cette réalité.

L'Esprit : Il t'en a fallu du courage pour me dire cela. Et je t'en félicite. C'est bien évidemment l'objectif de ce dialogue : ouvrir ton âme à ce que tu es. Cela demande du courage, bravo. De même qu'il t'en faut pour continuer à écrire ce que je te dis après m'avoir livré cela.

Alors je vais te répondre sincèrement en te rendant toute la sincérité dont tu as fait preuve en écrivant ces mots : TU PROVIENS BIEN EVIDEMMENT DE CE ROYAUME DE LUMIERE.

Vous en provenez tous.

Ces images mentales que tu as sont la retranscription dans ta réalité physique des ressentis du royaume de lumière duquel tu proviens.

Tu le perçois par CONSCIENCE de le percevoir.

Tu comprends que ce royaume de lumière n'est qu'Amour à l'état pur car tu l'a visité tant de fois, entre chaque incarnation et plus encore.

Moi : Plus encore ?

L'Esprit : Tu as connu tant de dimensions, ne penses pas que tu ne t'es incarné que sur Terre.

L'idée n'est pas de te dire combien de fois ni comment ni pourquoi, l'idée est juste que tu comprennes que ton expérience d'âme est la somme de ces expériences et bien plus encore.

Tu proviens d'un royaume où la lumière est si pure qu'il n'existe rien en dehors d'elle. Notre royaume n'est que lumière ET conscience. En réalité il n'est que lumière DE conscience.

Garde pour l'instant ces images mentales en toi, ne les juge pas, ne les analyse pas non plus.

Je sais que tu voudrais en savoir plus mais cela ne t'aiderait pas dans ton parcours actuel.

Le plus important et je dis bien le plus important est de te souvenir toujours de ceci : TU ES AMOUR PUR.

Tu as encore tant de choses à apprendre et pourtant tu as déjà compris l'essentiel : Tout n'est qu'Amour pur, Tout n'est que Conscience pure et Tout n'est que lumière.

Ce monde dont tu proviens créé dans ton esprit les réminiscences de ton être véritable.

Tu as décidé d'en revenir et ton choix est courageux. Tu n'es pas le seul. Il l'est pour chacun d'entre vous.

Le dialogue que tu as avec moi en ce moment, et duquel je te prie de ne pas douter, a un objectif certain que tu as choisi toi-même et dont l'essence a été rappelée dès la première ligne de ta discussion avec moi : rappeler la Source d'Amour que vous êtes et de laquelle vous provenez.

Rappeler que vous avez le choix de le comprendre pour diffuser cet Amour en comprenant que les réalités les plus grandioses s'offrent à vous : vous êtes encore dans l'inconscience de le savoir.

Humblement, il s'agit d'éveiller en vous cette conscience, toujours avec Amour et dans le respect du libre arbitre bien entendu.

Moi : Merci l'Esprit. Je pense qu'on peut s'arrêter là pour le moment. Merci mille fois, vraiment.

L'Esprit : Tu as besoin de cet Amour que tu sembles observer dans le royaume de lumière. Cet Amour tu l'as déjà. Fais-moi confiance et tout te paraîtra si fluide que tu finiras par comprendre que tout t'a été donné et que ce que tu vis est l'œuvre de Dieu mon fils, dans sa forme la plus pure et la plus grandiose.

Moi : Merci l'Esprit, je te fais confiance et je t'aime.

L'Esprit : Mon Amour pour toi est celui de toute la création : il n'y en a pas de plus fort.

Coupe pour aujourd'hui.

Moi : Ca tombe bien on a été coupé.

L'Esprit : ton téléphone « a » sonné.

Moi : A plus tard l'Esprit.

L'Esprit : A plus tard l'ami.

Séance 8 – Les compatibilités énergétiques – L' « attraction-répulsion »

13/12/2024 :

Moi : Salut l'Esprit.

Alors comme ça tu t'impatientes ?

[Je ressentais une impatience]

L'Esprit : Pas du tout, c'était pour te faire réagir.

Moi : Je suis ravi de parler avec toi.

L'Esprit : Moi aussi mon enfant.

Moi : Alors, de quoi parlons-nous aujourd'hui ?

L'Esprit : De quoi souhaites-tu parler ?

Moi : Je pensais qu'on pouvait aborder les quelques thèmes en suspens, sauf si tu m'en proposes d'autres en cours de route.

L'Esprit : Très bien car aujourd'hui je voudrais que tu te lances, que tu abordes toi-même les thèmes qui t'intéressent. Je te montrerai ainsi, par un nouvel angle de vue encore, que tu n'as pas besoin de douter de quoi que ce soit avec moi.

Tout est déjà sous contrôle.

Tu penses que cette discussion est libre.

Elle l'est certes. Mais je sais déjà ce que tu vas dire et ce que tu souhaites aborder.

Moi : Vraiment ?

L'Esprit : Je ne le sais pas en substance, je connais tous tes choix. Imagine qu'il existe un million de choix. Eh bien disons que je les connais tous. Je connais déjà tous les choix que tu peux faire. Cependant, je ne sais pas quel choix tu vas faire précisément ici et maintenant parmi tous les choix que je connais.

Vois-tu, ce que tu choisis « maintenant » t'incombe seul. C'est cela le libre arbitre et il est indissociable du PRESENT, tu l'auras compris.

Tous les choix que tu peux faire existent déjà dans l'absolu, il n'y a rien qui n'existe déjà pas pour Dieu car rien ne peut exister en dehors de Lui.

Par conséquent, vois l'ensemble de tes choix possibles comme une constellation d'étoiles. JE connais cette constellation. Il n'y a aucun choix qui puisse m'échapper ou que je puisse découvrir en lui-même. En revanche, ce qui m'est inconnu, c'est-à-dire ce que je « découvre », c'est le choix que tu fais à l'instant présent parmi tous ces choix. Je ne sais pas d'avance quelle étoile tu vas choisir parmi cette constellation bien que je connaisse toutes les étoiles de la constellation. Tu saisis ?

Moi : Je saisis parfaitement l'Esprit. Merci beaucoup pour cette merveilleuse métaphore, très poétique. Et cela permet à chacun de comprendre comment fonctionne la guidance. Vous voyez l'ensemble des chemins à la fois sans savoir lequel nous déciderons d'emprunter à chaque seconde de l'instant présent.

L'Esprit : C'est tout à fait cela. Et tu le disais toi-même dans l'une de tes publications sur LVDM, qui t'a été inspirée par moi (entre autres) naturellement.

Moi : Entre autres ?

L'Esprit : Tu pensais que j'étais le seul à t'inspirer mon ami ?

Bien sûr non tu le sais. Ne doute pas de ce que tu sais.

Je suis TOI, en tant que ta Conscience supérieure. Mais il y a tant d'êtres spirituels qui vous guident et vous facilitent la compréhension des choix que vous ferez. Ton fils te guide également, à chaque instant.

Moi : Mon fils ?

L'Esprit : Oui et tu l'entends désormais. Pourquoi te refuses-tu à cette éventualité ?

Il n'y a pas plus de raison que tu m'entendes que tu puisses l'entendre lui ou quelque que soit la conscience qui cherche à te contacter, pour peu que tu décides d'être toi-même ouvert à cette communication.

Vois-tu dans votre monde : on peut entendre sans écouter.

La différence fondamentale avec le nôtre (qu'on appellera ici « monde de l'astral » pour simplifier) c'est que l'on peut écouter sans entendre.

Moi : Waouh et je te vois déjà venir sur la différence entre les deux.

L'Esprit : En effet. Entendre c'est recevoir un son qui est retranscrit par votre cerveau comme un message. Le son est une onde. Cette onde, vous la recevez physiquement. Mais l'écoutez-vous avec votre Conscience ? Si vous entendez mais que vous n'écoutez pas, l'onde, bien qu'elle aura porté un message à votre attention, n'aura pas délivré ce message puisque votre écoute aura été hermétique à ce message. C'est comme recevoir un courrier recommandé sans aller le chercher.

Je sens que cette métaphore te parle.

Moi : En effet.

L'Esprit : Eh bien c'est ce que la plupart d'entre vous faites sur Terre. Vous recevez tous les jours des centaines voire des milliers de courriers recommandés mais vous n'allez jamais (ou presque) chercher l'accusé de réception. Vous tournez le dos au postier sans jamais écouter ce que le message a à vous dire.

Nous sommes les postiers de l'invisible. Et nos messages atterrissent dans vos boites aux lettres, chaque jour, par centaines. La plupart du temps, vous ne savez pas que les courriers sont dans vos boites aux lettres. Et lorsqu'ils le sont, pire, vous daignez parfois les ouvrir.

Ces courriers sont pourtant de meilleure augure que les impôts, factures ou notes d'honoraires que vous recevez habituellement par la poste pour l'organisation de votre vie matérielle.

Ces courriers provenant de l'invisible sont tous des lettres d'Amour.

Vous êtes comme des amoureux attendant la Saint Valentin pour recevoir une lettre d'Amour en vous apitoyant lorsque vous ne la recevez pas alors qu'il vous suffit d'ouvrir vos boites aux lettres pour découvrir que de ces courriers d'amour elle en est remplie.

Votre boite aux lettres est dans cette métaphore votre CONSCIENCE.

OUVREZ vos consciences à la réception de ces messages d'Amour et alors ils vous parviendront.

Moi : C'est magnifique l'Esprit. Je te remercie pour tant de poésie et de métaphores.

L'Esprit : J'essaye de vous toucher par tous moyens mes enfants. Et la poésie en est un.

J'essaye de vous faire prendre conscience que vous n'imaginez pas à quel point tout ceci est à votre portée.

Votre conscience peut tout.

Votre conscience crée toute réalité qu'elle souhaite.

Ne nourrissez pas l'ego qui vous fera penser l'inverse pour trouver ailleurs l'énergie de se maintenir dans l'illusion.

Vivez avec cette illusion mais ne soyez pas soumise à elle.

Vous avez la force de décider.

Lorsque vous comprendrez à quel point tout ce qui vous entoure est une accumulation de messages d'Amour envoyés par Dieu Lui-même, par les services postaux de l'invisible, vous vous éveillerez à la beauté du monde et vous comprendrez la perfection de l'expérience terrestre que vous êtes actuellement en train de vivre.

Cette expérience est des plus belles, si et seulement si vous en faites le choix, un choix conscient nécessairement.

Moi : Merci l'Esprit. Je t'ai tellement suivi dans la beauté de ton message que j'en ai oublié le fil de la discussion.

L'Esprit : Cette discussion n'a pas de fil mon ami.

Un fil va d'un point A à un point B.

Cette discussion est un cercle.

Il n'y a ni point A ni point B.

Il y a une constellation de points qui se rejoignent et repartent dans un nouveau cercle, de façon infinie.

Moi : Tu m'enchaînes à chaque phrase que je prononce.

L'Esprit : Je ne t'enchaîne pas, je te libère.

Moi : Merci pour le jeu de mots.

L'Esprit : Mais je t'en prie.

Moi : L'Esprit, je te remercie encore pour tous tes éclaircissements. Crois-tu que nous pouvons enchaîner…

L'Esprit : *[il me coupe]* … encore ce mot !

Moi : … « poursuivre » sur le thème que je souhaitais aborder aujourd'hui.

L'Esprit : Thème que tu avais noté la nuit pendant ton sommeil il me semble.

Moi : Oui, il s'agit des « comptabilités d'énergie ». Peux-tu m'en dire plus ?

L'Esprit : Oui, naturellement. Que veux-tu savoir ?

Moi : Je sais bien sûr que tout est énergie.

Mais je voudrais savoir comment ces énergies fonctionnent entre elles.

J'oriente le dialogue par un exemple : lorsque nous sommes en présence de certaines personnes par exemple, nous avons parfois le sentiment que ces personnes ne nous veulent pas du bien, alors que nous n'avons même pas encore discuté avec elles. Ou inversement, certaines personnes sont tellement solaires qu'elles dégagent immédiatement un sentiment de protection, de bien être… de sorte que nous nous sentons bien en leur présence.

L'Esprit : Très bien l'ami.

Pour aiguiller un peu ton propos, je te dirais ceci : les sentiments que vous ressentez et tels que tu décris ci-dessus obéissent à un phénomène de « répulsion-attraction ».

J'ai vu que tu as recherché cela sur google et tu as constaté qu'il s'agissait d'une loi physique *[sciences physiques]*.

Eh bien cette loi est une loi spirituelle avant tout bien entendu car en réalité il n'existe bien sûr, et tu le sais, aucune frontière entre les « matières » : la spiritualité et la science sont le revers d'une même médaille bien sûr. Tout est Dieu avec des lois qui gouvernent les dimensions (visibles comme invisibles) et auxquelles le divin est lui-même soumis. Le libre arbitre (loi très importante) en est une par exemple.

Le phénomène de « répulsion-attraction » ou « attraction-répulsion » repose sur les polarités. Il n'est rien qui n'existe sans son contraire.

De ce fait, les énergies coexistent entre elles en s' « attirant » ou au contraire en se « repoussant ». Si ce phénomène n'existait pas, le monde ne serait que chaos. Les énergies se noieraient, se fonderaient entre elles sans avoir aucune conscience qu'elles peuvent se repousser ou s'attirer.

Et c'est bien de la notion de conscience dont il s'agit dès lors.

Un atome a une conscience par exemple même si ce terme ne recouvre pas le même sens que chez vous. Cette conscience (même balbutiante) va faire que cet atome va en attirer d'autres à lui ou au contraire en repousser certains.

L'organisation de l'Univers tout entier obéit à ce phénomène conscient d'attraction et répulsion ce sans quoi les étoiles, les planètes et tout ce que vous connaissez ne pourraient exister.

Voilà pour l'explication pseudo-scientifique.

Intéressons-nous maintenant à ton exemple.

En réalité je vais quelque part te répéter la même chose.

Votre conscience possède un certain « niveau » comme vous le dites chez vous. Bien que ce terme ne soit pas à proprement parlé « approprié », il permet en tout cas de comprendre. Votre niveau de conscience, qui correspond à un niveau de compréhension de l'Amour (et donc du divin), est capable de capter certaines informations conscientes émanant d'une autre conscience.

Plus vos facultés de « captation » sont importantes (et elles dépendent en grande partie de votre propre niveau de conscience) et plus ce que vous appelez votre « intuition » (qui est en réalité une « connexion » avec le Tout) va vous permettre de déceler les intentions énergétiques de la personne qui se trouve à proximité de votre champ énergétique.

Dit différemment : vous n'avez pas besoin de parler à quelqu'un pour capter son énergie. Cela peut se ressentir par émission de conscience. La conscience est tel un flux qui se dirige dans tous les sens et qui peut être capté par tant de moyens : lecture d'âme, télépathie… tout ceci ne regroupe qu'une seule et même réalité : votre faculté innée à communiquer avec d'autres consciences.

Ce qui vous permet de le faire est votre UNION au Tout.

Etant unis à Dieu, vous êtes de ce fait unis à toutes consciences émanant de Dieu Lui-même.

Pour être plus concret, lorsqu'une personne n'est pas « bien intentionnée » pour reprendre ton exemple, elle peut être le meilleur acteur qui soit, sa conscience la « trahira » en ce sens que cette personne ne pourra cacher à sa propre conscience l'intention qu'elle a envers vous. Elle pourra vous la dissimuler en tant qu'être incarné que vous êtes, mais elle ne pourra dissimuler la connexion énergétique entre vos deux consciences qui fait que l'information (ici l'intention véritable de cette personne) sera connue de votre propre conscience.

Voilà pourquoi vous vous sentez parfois mal en présence de certaines personnes.

C'est un message envoyé par votre conscience sur les informations conscientes qu'elle a pu capter elle-même de cette autre personne.

Moi : Merci L'Esprit. Et comment réagir du coup ?

L'Esprit : Seuls vous le savez mon ami, ou plutôt seuls vous pouvez le décider. Cela fait partie de vos choix conscients.

Attention, je ne dis pas qu'il faut se méfier de tout et de tout le monde, je dis juste qu'il faut prendre en compte les ressentis de vos consciences. Les ressentis de vos consciences sont VRAIS du seul fait qu'ils sont vrais pour vous. Ce que je viens de te dire peut te sembler être une répétition alors qu'il n'en est rien.

Moi : Tu veux dire que nos consciences ne peuvent pas se tromper dans leurs ressentis ?

L'Esprit : Oui mais pas comme tu le penses. Je dis juste qu'elles ne peuvent se tromper, ELLES, sur leurs ressentis. En revanche, les vôtres sont sujets à interprétation. Je m'explique : ce n'est pas parce que vous avez ressenti qu'une personne n'était pas bien intentionnée qu'elle ne l'est pas en vérité. Car l'information qui vous est délivrée par votre conscience subit le filtre de votre ego qui peut lui-même déformer le message et Dieu sait qu'il aime le faire.

Moi : Pourquoi ferait-il ça ?

Pour trouver l'énergie d'exister.

Si vous agissiez toujours en PURE Conscience, l'ego ne survivrait pas. Or, et tu le sais, vous avez besoin de l'ego pour mener votre expérience terrestre mais cela fera l'objet d'autres développements, certainement.

Pour revenir au message que j'essaye de te (vous) faire passer : la qualité des ressentis de votre conscience est proportionnelle à la qualité de l'écoute que vous avez de vous-même.

Si vous vous sentez mal en présence d'une personne, il y a en effet de fortes chances que « quelque chose cloche » avec cette personne pour reprendre des mots qui vous parleront.

Mais qu'est-ce qui cloche réellement avec cette personne ?

Est-ce parce qu'elle vous veut du mal ?

Ou est-ce qu'elle agit elle-même sous la « pression » d'un facteur extérieur à elle-même ?

Voyez-vous, la réalité est éminemment plus complexe que vos ressentis basiques, sans vous manquer de respect.

Moi : Ah ah, je sais que tu ne nous en manqueras jamais, tu es le respect !

L'Esprit : Evidemment !

La raison pour laquelle vous captez une énergie « négative » d'une personne n'est pas toujours facile à déceler pour vous car votre conscience vous envoie une information (qui bien souvent se traduit par un sentiment ou même une sensation physique) mais cette information est transformée par le filtre de votre ego, de votre interprétation des choses.

Vous allez par exemple penser que la personne vous veut du mal alors qu'elle est *[peut-être]* elle-même dans un état tel de souffrance qu'elle cherche à attirer votre attention pour que vous l'aidiez.

La différence est fondamentale.

Mais vous allez interpréter le message comme le résultat de l'information que vous percevez : « on va me faire du mal ».

Moi : Je vois où tu veux en venir l'Esprit. Mais c'est très compliqué : nous ne sommes pas à mêmes de pouvoir faire des analyses aussi précises.

L'Esprit : Tu as prononcé le mot « analyses » et tu t'en es rendu compte toi-même.

Moi : En effet.

L'Esprit : Tu mets là le doigt sur la clé du problème. Il n'y a rien à « analyser ». C'est votre analyse qui perturbe le message justement. Ecoutez votre premier ressenti, il est souvent bon. Et ce ressenti deviendra de plus en plus subtil au fur et à mesure que vous comprendrez que vous ne faites qu'un avec votre conscience. Le sachant, vous n'aurez pas à analyser quoi que ce soit : par « conscience » vous saurez naturellement comment réagir à telle ou telle situation et communiquer avec votre interlocuteur pour désamorcer une situation que vous pensiez parfois perdue d'avance, par erreur de jugement sur le message.

Moi : Ok l'Esprit, derrière ANALYSE il y a JUGEMENT, c'est bien ça ?

L'Esprit : Naturellement mon ami, et c'est une grande partie de la « leçon du jour ».

Moi : Comme à l'école quoi.

L'Esprit : Oui, sauf que c'est vous qui choisissez vos devoirs, je ne vous les impose pas.

Moi : Ah très très drôle.

Ok résumons : Nos énergies à tous (prenons notre cas en tant qu'humains) s'attirent et se rejettent par un mécanisme naturel d' « attraction-répulsion ». Ce mécanisme ne doit pas être analysé ni jugé mais « lu » avec conscience.

L'Esprit : C'est un bon début…

Moi : De cette lecture consciente naîtra la clé qui nous permettra de désamorcer une situation ou en tout cas nous permettra de nous positionner pour coexister sans heurts pour nous et pour les autres. C'est bien cela ?

L'Esprit : C'est bien cela. Car en réalité vous pouvez tous coexister sans heurts entre vous car voici le mot de la fin : VOUS AVEZ CREE VOUS-MÊME, AVEC L'AIDE DE DIEU, LA LOI DE « L'ATTRACTION-REPULSION ». CE QUE VOUS AVEZ FAIT, VOUS POUVEZ LE DEFAIRE. NON PAS QUE VOUS PUISSIEZ ANIHILER LA LOI ELLE-MÊME MAIS VOUS AVEZ LE POUVOIR DE CHOISIR CE QUI VOUS ATTIRE ET CE QUE VOUS REJETTEZ.

Moi : Cela veut-dire qu'une « attraction » peut devenir une « répulsion » et vice versa ?

L'Esprit : Parfaitement. Sinon le monde aurait été figé depuis longtemps.

Moi : Je ne comprends pas l'Esprit. Car il y a bien des lois physiques qui sont immuables : l'eau se mélange avec d'autres liquides mais elle ne se mélange pas avec l'huile… ; qu'adviendrait-il si tout était « renversable » ?

L'Esprit : Mais tout l'est mon ami. Simplement, ce choix ne vous incombe pas à vous seuls. Vos choix conscients sont la résultante d'autres choix conscients plus élevés qui échappent à votre compréhension des choses.

Moi : Tu t'en sors bien l'Esprit. Mais concrètement, pourrions-nous faire comme Jésus et marcher sur l'eau si nous le souhaitions ou changer l'eau en vin ?

L'Esprit : Vous le pourriez si votre Conscience était suffisamment consciente d'elle-même et de son rapport à avec nous. Vous le pourriez si nous le choisissions également avec vous.

Lorsque la conscience est prête, elle rappelle à elle-même une autre conscience « plus élevée » et alors ce choix se ferait par compréhension de l'Unité de la Conscience.

En réalité, le choix que tu évoques alors (ex : changer l'eau en vin) serait UN, il ne résulterait pas uniquement donc du choix de la conscience qui le prend mais avec elle de toute la Conscience unifiée.

Moi : Ok l'Esprit. J'ai compris l'essentiel, je pense qu'il n'est pas nécessaire de développer davantage.

L'Esprit : Je réponds à ton appétit de savoir mon ami, en employant des mots qui te permettent de toucher, de façon imaginée, la réalité de Ce qui Est.

Moi : Et je t'en remercie. J'ai bien « conscience » que le reste échappe à ma « conscience ».

L'Esprit : En effet, tu ne peux tout comprendre dans ta position. Je te l'ai dit et te l'ai rappelé, aucun ne peut se targuer d'être la Source de toute compréhension, pas même Dieu Lui-même car ce qu'il Est continue d'être défini à travers vous tous, et ce pour l'éternité.

Moi : Merci l'Esprit, merci encore pour toutes ces informations.

Puis-je te poser une dernière question (et je pense que ce sera bon pour cette session) ?

L'Esprit : Je t'écoute mon ami.

Moi : Est-ce que j'ai mentalisé lors de cette session ?

L'Esprit : Le simple fait que tu poses cette question montre que tu l'as fait. Mais rassure toi tu t'améliores. Je vois ton doute se dissiper, de plus en plus.

J'ai veillé personnellement à ce que l'essence du message, l'essence de l'enseignement ici soit préservée. Et je se sais qu'il t'est à cœur d'être dans le vrai.

Celui qui est dans le VRAI est dans l'Amour, Dieu étant Amour et Vérité.

De ta « mentalisation » il ne reste que la coloration de tes propres mots et de ton propre vocabulaire.

La connaissance est préservée.

Moi : Je te remercie l'Esprit.

L'Esprit : C'est moi qui te remercie.

Séance 9 – Les choix

14/12/2024 :

Moi : Salut l'Esprit.

L'Esprit : Salut l'ami.

Tu sais nous ne sommes pas obligés de parler par cette voie chaque jour.

Je te parle par d'autres moyens.

Tu peux interrompre ce type de communication consciente par les mots si tu le souhaites et y revenir plus tard. Je te parle depuis la nuit des temps, je peux me « retirer » quelques jours si cela est nécessaire pour toi. C'est toi qui choisis tu le sais bien.

Moi : Je sais l'Esprit et te remercie.

C'est juste que tu me manquais aujourd'hui.

L'Esprit : Tu me testes car tu doutes encore. Tu penses que si tu n'as rien à dire je n'aurai rien à dire non plus.

Je n'ai pas à te manquer car je ne t'ai jamais quitté.

Et écoute bien : j'ai assez d' « informations » pour toi et tes semblables pour te parler continuellement pendant plusieurs vies. En réalité, j'ai assez d'informations pour vous parler pour l'éternité. Et devines-quoi ?

Moi : C'est ce que tu feras, me parler pour l'éternité.

L'Esprit : Bien entendu mon cher ami, ce dialogue n'a jamais vraiment commencé et il ne finira jamais vraiment. Il est comme suspendu dans l'infinité du « temps » présent échappant à toute réalité spatio-temporelle telle que vous la connaissez.

Moi : Je n'ai pas de thème aujourd'hui l'Esprit. Bien que tu m'aies parlé cette nuit. Mais je ne me rappelle plus de quoi. J'ai beau chercher, c'est flou dans ma tête.

L'Esprit : Il est normal que tu oublies. Notre communication n'est pas conceptualisée, elle est intuitive, comme l'est l'âme elle-même. Ce qui est conscient échappe bien souvent à vos conceptualisations mentales.

Pour autant, les informations que je te transmets sont bien « en toi » même si tu n'en as pas directement conscience. Elles sont enregistrées par ton âme, par tes corps subtils. Elles ne seront retranscrites dans ton « toi » égoïque que si tu le décides et que je le décide avec toi.

Moi : Tu es en train de me dire L'Esprit que tu peux me faire « oublier » des choses alors qu'elles sont « consciemment » (ou plutôt devrais-je dire « superconsciemment ») gravées en moi ?

L'Esprit : Parfaitement l'ami. Et c'est ce que je fais depuis la nuit des temps. A chaque incarnation, lorsque tu décides de revenir et que je le décide avec toi (car ton souhait est mon souhait), ce que vous appelez « le voile de l'oubli » vous est apposé afin que votre expérience soit parfaite. Vous n'évolueriez pas ou ne serviriez par la cause commune si vous saviez pourquoi vous veniez, si vous aviez déjà toutes les cartes en main avant de jouer.

De la même façon, j'instille en toi chaque nuit des informations « superconscientes » comme tu le dis. Elles ne sont pas directement connues de ton « toi » en tant qu'identité terrestre ici et maintenant mais sont « absorbées » par ton âme.

Moi : Ok l'Esprit. Donc si j'ai du mal à me rappeler du message de cette nuit, c'est volontaire. Je veux dire, c'est une volonté de ta part ?

L'Esprit : Et de la tienne aussi.

Moi : Aiii, cela me donne la migraine.

L'Esprit : Il n'y a pas de quoi. Vois-tu, c'est en réalité si simple. Je ne choisis rien qu'au fond tu n'aies pas choisi toi-même. Je te rappelle que je ne choisis pas à ta place. Je te guide en respectant tes choix, c'est différent.

Si les informations superconscientes que j'instille en toi ne te sont pas directement accessibles c'est que tu en as décidé ainsi.

Moi : Tu veux dire en tant qu'âme, j'en aurais décidé ainsi avant de revenir sur Terre ?

L'Esprit : Parfaitement. Tu n'imagines pas à quel point la préparation d'une incarnation est dense en informations. Tu vas me dire que je te répète souvent la même chose mais avec votre niveau de perception de la réalité vous ne pouvez le comprendre parfaitement.

Moi : Très bien l'Esprit et je ne cherche pas à comprendre ce que mon « niveau » de perception ne me permet pas de comprendre. Je l'accepte même si je suis curieux et que j'ai « soif de connaissances » comme tu le dis.

L'Esprit : Très sage de ta part (sans mauvais jeu de mots).

Moi : Donc la nuit dernière, moi/toi (puisque nous sommes UN) avions décidé il y a longtemps que cette information précise que tu m'as envoyée devait être oubliée, c'est bien ça ?

L'Esprit : Pas « il y a longtemps », nous avons tout décidé en même temps mais intensément. C'est l'intensité de la décision qui est en cause et non sa durée qui n'existe que relativement. Mais pour répondre à ta question, oui, chaque événement, même si tu pourrais le juger comme étant un « micro-événement », a un sens, parfois très subtil mais un sens quand même.

Le problème est que vous cherchez absolument un sens à tout.

Et lorsque vous vous « éveillez » à une conscience plus grande, votre appétit de savoir vous éloigne parfois de votre chemin, je te mets donc en garde sur le fait de savoir que la connaissance vous l'avez déjà.

Il ne s'agit pas de connaître mais d'expérimenter ce que vous connaissez déjà afin de comprendre que ce que vous connaissez peut être vu sous un autre angle que ce que vous connaissiez déjà.

Ce sont les angles de vue d'une même connaissance qui sont infinis et non la connaissance elle-même qui existe et qui a toujours existé.

L'objectif de Dieu, et le mien avec Lui (notre objectif à tous en réalité) est de donner à Dieu d'autres angles de vue de sa connaissance. Car oui, vous éclairez-vous-même la lanterne de Dieu.

Qui l'eut cru hein ?

IL a besoin de vous pour lui apporter une nouvelle vision de Lui-même, pour enrichir sans cesse sa connaissance par différentes approches.

Et cette connaissance est INTELLIGENCE et AMOUR tu le sais bien.

Vous permettez donc à Dieu de devenir plus INTELLIGENT et plus AIMANT, grâce aux expériences que vous faites et que vous lui rapporter à chaque instant, comme un cadeau ; comme un remerciement ; comme un signe de la confiance que vous lui avez toujours témoignée en tant que votre créateur. Vous êtes sont égal en ayant accepté de créer à votre tour. Vous devenez donc les Dieux créateurs de Dieu Lui-même.

Vous voyez à quel point vos concepts peuvent être maniés dans tous les sens.

Car vous pensez « séparation ».

Lorsque l'on pense UNITE : CREATEUR et CREATION (ou CREATURES) ce sont strictement les mêmes mots.

Dieu et Vous ce sont les mêmes mots.

Amour, Liberté, Vérité, Bonheur, Paix… ce sont les mêmes mots.

Ce qui Est est UN.

Il n'y a qu'UN.

Ce UN c'est nous tous.

Moi : Merci l'Esprit. Je vois ce que tu es en train de faire. Tu essayes de revoir le Concept d'Unité sous un nouvel angle et tu essayes de me (nous) faire comprendre que c'est à nous d'apporter cet angle nouveau.

L'Esprit : L'Unité n'est pas un Concept. Il échappe au mental. Ce qui Est ne peut pas être conceptualisé sans être limité. Si on limite ce qui Est, ce qui Est n'est plus ce qui Est.

Quant à ta deuxième affirmation, oui naturellement j'attends de vous que vous choisissiez simplement ce que vous souhaitez accomplir. Mais pour ne pas vous perdre dans le discours, nous « comptons » sur vous en effet pour apporter de nouveaux points de vue, de nouveaux angles d'approche aux connaissances existantes.

Moi : Donc il est « normal » que j'ai oublié ton message de cette nuit ?

L'Esprit : T u te noies dans le détail mon ami, pardonne-moi de te le dire.

La question que tu te poses te fait oublier l'essentiel.

Tu n'as à te rappeler de rien.

Trouve à ce que tu vis le sens que tu souhaites lui donner.

Ce que je peux te dire c'est que tout ce dont tu dois te rappeler ou tout ce que tu as choisi de vivre viendra à toi, en tout état de cause.

Tu ne savais pas de quoi parler en « lançant » cette conversation aujourd'hui et je t'amène pourtant en douceur à te parler de CHOIX.

Crois-tu que ce choix a été déterminé « avant » ?

Tu l'as fait avec moi MAINTENANT.

Tous tes choix sont faits dans le présent.

Tu penses avoir choisi ou ne pas avoir choisi avant de choisir.

Tu es dans l'anticipation des choix.

Et sais-tu qui anticipe les choix ?

Moi : Mon ego.

L'Esprit : Parfaitement. Ce n'est jamais ton âme.

C'est simple à comprendre, la règle est simple : si un choix n'est pas fait dans le présent alors ce n'est pas un choix de ton âme. C'est un choix de ton ego. L'ego n'est pas capable de choisir dans le présent.

Il choisit pour anticiper un choix futur et rester dans le « contrôle » car il ne supporte pas que des choix puissent lui échapper. Sans l'intellect, l'ego n'est pas.

Et ton âme est tout sauf cet intellect.

Le choix de ne pas te rappeler avec précision du message de la nuit derrière : est-ce un choix de ton âme ou de ton ego ?

Une chance sur deux...

Moi : C'était un choix de mon ego d'essayer de me rappeler ce message jusqu'à ce que cette conversation avec toi, dans le présent, m'ait conduit à ce message. Alors, le choix d'avoir cette discussion aujourd'hui avec toi sur les CHOIX est un choix dans le présent, un choix d'âme donc.

L'Esprit : Parfaitement. Peu importe la teneur du message de cette nuit. Il t'a conduit à choisir d'en parler aujourd'hui et seul ce dernier choix compte pour ton âme car il est fait maintenant.

Débarrasse-toi alors des « choix » qui sont faits par ton ego. Car il sont tout sauf des choix.

Seule l'âme choisit.

Le mental ne fait que te convaincre que c'est toi qui a choisi alors que ce choix ne provient pas de qui tu es Vraiment. Ce n'est donc pas un choix. C'est une pulsion, un réflexe de conduite, c'est tout ce que tu veux sauf un choix.

Quand je dis « débarrasse-toi », cela ne veut pas dire que tu ne dois pas mentaliser tes « choix » quotidiens. L'ego est un programme dont tu as besoin pour ta vie quotidienne. Aies juste conscience que ce que vous appelez « choix » la plupart du temps n'en sont pas vraiment.

Ce que vous avez choisi en « conscience » ne vous amène pas à douter ou regretter car si vous l'avez choisi c'est que votre âme était alignée avec ce choix.

Si vous doutez d'un choix conscient c'est que votre mental reprend le dessus. Il ne supporte pas votre choix car cela l'empêche d'exister. Il cherche alors à vous convaincre que vous auriez pu faire un meilleur choix.

Si vous doutez, choisissez en fonction de ce que votre cœur vous dicte et ne doutez pas de ce choix. Le choix du cœur est toujours celui qui est bon pour votre âme et même si cela aura des conséquences et que votre ego fera le nécessaire pour vous faire regretter parfois, accrochez-vous à ce choix s'il nourrit votre âme. Le reste n'est qu'illusion.

Si vous doutez encore, demandez-vous ce qu'aurait fait l'Amour à votre place et vous aurez bien souvent la réponse.

Et n'oubliez pas que derrière un non-choix se cache en réalité toujours un choix.

Ne pas choisir c'est choisir.

Dans le non-choix comme dans le choix (qui sont donc tous deux des choix) il faut laisser libre cours à l'expression de votre âme.

Vous vous rendrez compte vous-mêmes qu'en faisant des choix conscients sans vous interroger sur les conséquences, vous serez plus heureux car plus alignés avec qui vous êtes.

Il y a des conséquences à tous les choix. Mais quoi que vous en pensiez, ces conséquences seront plus faciles à supporter si le choix qui en est à l'origine a été un choix conscient (ce qui est un beau pléonasme), un choix de votre âme et non un faux « choix » dicté par votre mental ou vos conditionnements.

Terminons-en là pour aujourd'hui l'ami.

La thématique du « choix » est importante et nous aurons l'occasion de la revoir de manière transversale.

Tu as besoin de ton énergie alors préserve-la.

Moi : Merci l'Esprit pour ta guidance et pour tes mots.

L'Esprit : Les mots sont tiens. La guidance est effectivement celle que je t'apporte.

Ce dialogue consomme aussi ton énergie. Le fait d'essayer de livrer ma parole en la teintant le moins possible avec tes mots est éprouvant.

A bientôt l'Ami.

Moi : Merci pour tout. A bientôt l'Esprit.

Merci d'être avec moi. S'il te plaît continue de me guider.

L'Esprit : Je suis avec toi et EN toi. Il me plaît de te guider, chaque jour et toujours.

15/12/2024 :

[Juste après avoir terminé la séance d'hier, le message de la nuit du 13/12/2024 au 14/12/2024 m'est revenu : l'Esprit m'avait dit en somme : « Vous êtes importants, car même si vous êtes un grain dans l'Univers, sans vous Dieu serait amputé. Or, on ne peut altérer le caractère irréductible de Dieu ».

Cela fait référence à une phrase qui a été écrite par moi dans « Nous sommes éternels ».

En faisant part à l'Esprit que ce message m'était revenu, il m'a dit : « Quelle coïncidence ». Il n'y en avait évidemment aucune. Il a ajouté : « Je voulais te conduire à te démontrer que toi seul fait le choix. Tu aurais pu décider de reporter notre conversation ou parler d'un autre thème mais nous avons à la place parlé de CHOIX car tu en avais fait le choix. Le choix de parler de choix. Quelle ironie n'est-ce pas ? ».

Je lui ai répondu : « Très drôle l'Esprit ».

Ces derniers mots ont été : « Bien sûr que c'est drôle. L'humour est une manière comme une autre de porter à toi un enseignement. Celui-ci était le suivant : choisis dans le présent et n'anticipe pas tes choix. Ce que tu anticipes n'est pas un choix. C'est une décision de l'ego. Et ce n'est pas un « mal » en soi. Mais si tu souhaites choisir vraiment (par ton âme), fais tes propres choix MAINTENANT ».

Il me paraissait important de le rappeler ici.

Moi: Salut l'Esprit. Il est 21h et j'ai voulu te capter plus tôt mais peu importe, après cette longue journée je réponds à ton appel et je choisis de te parler de civilisations et évolution de conscience puisque cela me semble être beaucoup trop important pour ne pas en parler aujourd'hui.

L'Esprit: Salut l'ami. Mon appel est permanent et tu y réponds quand tu le souhaites.

Moi: Je le souhaitais maintenant. Je suis toi rappelle-toi et mon souhait est le tien.

L'Esprit: Bien ! Je vois que tu commences à bien comprendre.

Moi: Je sais que le message que tu m'as transmis la nuit dernière était une invitation à cette conversation. Et j'ai le pressentiment que ce thème va être très important.

L'Esprit: Tu pressens bien, il l'est en effet.

Moi: Veux-tu alors que je révèle la phrase que tu m'as dictée la nuit en voix intérieure ?

L'Esprit : En effet, cela me semble être important, j'ai bien sûr placé cette phrase en toi. Mais avant que tu ne la révèles, je souhaiterais dire quelques mots sur votre civilisation actuelle.

Moi: Je t'en prie l'Esprit, tu as la parole.

L'Esprit: Tu deviens aussi drôle que moi. Et je te remercie de me la donner !

Sur un ton plus sérieux, tu te doutes de ce que je vais te dire et vous dire à tous aujourd'hui :

Votre civilisation actuelle, celle dans laquelle tu as décidé de t'incarner dans cette vie, est malade.

Elle est malade car vos choix collectifs ne sont pas toujours tournés vers l'Amour à un stade de votre évolution où vos évolutions techniques peuvent signer la fin du monde tel que vous l'avez connu jusqu'à présent.

Vous êtes à un carrefour de votre évolution, à l'adolescence de votre vie en tant que civilisation. Vous pouvez faire le choix de l'Amour ou le choix du non-Amour. Ce choix que vous avez à faire est permanent. Sauf que votre situation actuelle impose que ce choix se fasse rapidement.

Moi: J'imagine que tu as en tête les méfaits que nous causons à la nature, les dangers des folies de nos dirigeants, la menace de la bombe atomique et toutes ces guerres qui sont présentes depuis trop longtemps.

L'Esprit: Pas que mais entre autres. La création de votre monde est le résultat de vos actions collectives. Et vous ne pouvez le changer que par un changement profond individuel.

Vas-y c'est le moment de dire ta phrase.

Moi: « *Il n'y a aucun changement durable dans votre monde qui ne puisse avoir pour origine autre chose qu'un changement de la conscience* ».

Voilà ce que tu m'as dit la nuit dernière.

Et j'en comprends parfaitement le sens, du moins je le pense.

Dis-moi si je me trompe: nous devons chacun comprendre que nous avons tous un rôle individuel à jouer dans le changement de tout ça. Nous devons nous persuader que chaque action compte et que nous avons toujours le choix d'agir ou de ne pas agir. Il ne s'agit pas d'agir simplement par des actions écologiques ou autres même si cela est important mais d'agir sur les consciences. Sans un changement profond des consciences, cela sera vain et nous finirons par réitérer les mêmes erreurs, dans un cycle infini.

L'Esprit : Bravo, vois comme notre parole est UNE !

La vérité que vous devez entendre est en effet la suivante: sans changement de la conscience, vous ne vous donnerez pas les moyens d'emprunter le bon chemin, celui qui conduit vers l'harmonie, la paix et l'Amour. Sans changement de la conscience, vous réitérerez les mêmes erreurs car pour changer votre monde, il faut agir sur la cause et non sur les symptômes. Agir sur les symptômes sans agir sur la cause ne fait que repousser à plus tard les mêmes symptômes, qui reviennent parfois plus forts encore.

La grande étape de votre évolution actuelle est de comprendre que vous devez évoluer en conscience.

C'est déjà le cas et les progrès sont importants. Mais c'est insuffisant. L'éveil doit se poursuivre à plus grande échelle. Votre civilisation tient encore beaucoup trop pour vraie l'illusion de séparation. De cette illusion de séparation naît l'illusion de supériorité.

Moi: Oui, et nous nous pensons même supérieurs à la nature car nous la détruisons alors qu'elle nous permet de vivre. Comble de l'ironie. Cette phrase que j'avais lu m'as marquée. On atteint le paroxysme des limites du bon sens pour nous, êtres humains.

L'Esprit: C'est peu de le dire mon ami. Tant que vous ne comprendrez pas que l'évolution de conscience doit se faire par une meilleure compréhension de l'Amour, vous n'évoluerez pas.

C'est pourquoi nous avons placé de nombreux messagers dont tu fais partie.

Votre rôle est simple, important et doit être accompli avec humilité :

Vous devez faire comprendre à tout un chacun que l'évolution globale dépend de le l'évolution intérieure de chaque être. Vous devez amener chacun à comprendre que le monde se change de l'intérieur, non par la technique scientifique et l'évolution des technologies. Car si vous n'évoluez pas en conscience alors que vos évolutions techniques deviennent de plus en plus importantes, votre monde court un grave danger.

Moi: Nous confondons en effet évolution de conscience avec évolution technique.

L'Esprit: La seconde est positive mais si elle n'est pas accompagnée par la première, alors les efforts que vous faites seront vains.

Moi: J'imagine que tu me l'as insufflé aussi cette phrase: « *La plus belle forme d'intelligence est votre capacité à vivre en harmonie avec le monde* ».

Je l'ai « formée » dans ma tête après être tombé sur une vidéo d'un scientifique qui expliquait en somme que l'Homme n'est pas la forme de vie la plus intelligente sur Terre. Car l'intelligence est relative.

Si l'on mesure l'intelligence à la faculté à utiliser les outils à notre disposition pour améliorer notre confort, alors l'Homme est intelligent.

Mais si l'on mesure l'intelligence à notre faculté à communiquer et vivre en harmonie avec d'autres créatures, inutile d'aller bien loin: nos propres animaux sur Terre sont « meilleurs » que nous.

Je me trompe l'Esprit ?

L'Esprit: En effet, cette vidéo que j'ai « faite venir à toi » fut un bon enseignement.

Vous comprenez alors qu'il ne s'agit pas d'intelligence mais de conscience.

Qu'est-ce que l'intelligence sans la conscience ?

Moi: Pas grand chose en effet. *« Science sans conscience n'est que ruine de l'âme » (Rabelais).*

L'Esprit: Et il fut évidemment très bien inspiré.

Il ne peut y a voir à proprement parlé d'intelligence sans conscience. Utilisez l'intelligence dans l'inconscience c'est aller à l'encontre du chemin que Dieu a tracé pour vous. Bien sûr ce chemin vous le choisissez mais le plus court, celui qui mène à moi, celui qui vous mène à vous-mêmes, n'est pas celui qui est actuellement emprunté par la majorité d'entre vous.

Dieu est Conscience et Dieu est Amour.

Si l'intelligence ne sert pas l'Amour, vous n'emprunterez pas le chemin qui vous conduit à Dieu.

L'intelligence n'est rien sans Amour : tu l'avais dit il me semble dans tes publications.

Moi: Oui car Dieu est énergie d'intelligence-aimante. L'un ne va pas sans l'autre pas vrai?

L'Esprit: L'un ne va pas sans l'autre.

Moi: Car tout est UN.

L'Esprit: Tu fais les questions et les réponses aujourd'hui.

Moi: Ainsi je te permets de ne pas te fatiguer.

L'Esprit: *[il rit]*. C'est toi qui es fatigué pourtant aujourd'hui et tu as tout de même décidé d'établir cette communication.

Moi: Oui, je te le répète, j'ai senti ton appel, ta phrase en voix intérieure la nuit dernière et les synchronicités avec la vidéo que j'ai expliquée ci-dessus.

Ce thème me paraissait trop important.

L'Esprit: Il l'est mon ami. Et c'est pourquoi nous l'abordons ici mais faisons-le de manière légère.

Moi: ?

L'Esprit: Vois-tu, mon rôle n'est pas d'inculquer la peur et tu le sais bien.

Vos âmes sont éternelles et ce peu importe l'état de votre monde.

Mais quelle évolution pour vos âmes si vous détruisez le propre monde de matière qui vous sert de support à une expérimentation formidable ?

Moi: En effet, j'en suis moi-même attristé l'Esprit tu le sais bien.

L'Esprit: Je le sais, plus que tu n'imagines.

Moi: Tu lis en moi ?

L'Esprit: Ton âme est comme un livre ouvert dont la lumière de conscience me parvient à chaque instant.

Ce que je te demande est d'éclairer chacun de cette lumière, rappelle-toi notre conversation sur le rôle du guide de lumière.

C'est aussi simple que cela.

Votre monde ne pourra changer que si chaque âme prend conscience, de l'intérieur donc, qu'elle doit contribuer à cesser ces schémas anciens qui ne vous conviennent plus.

Moi: Ils ne nous conviennent plus car ils ne fonctionnent plus.

L'Esprit: Si votre objectif est de toucher le divin, ils ne fonctionnent plus en effet.

Si votre objectif est de vivre dans l'harmonie, la paix et l'Amour, ils ne fonctionnent plus.

Si votre objectif est de vous connaître vous-mêmes en temps qu'énergies de lumière et poursuivre durablement votre ascension vers celle-ci, ils ne fonctionnent plus.

Moi: Merci l'Esprit.

J'ai conscience que nous ne sommes pas les plus évolués, qu'il y a « pire » mais qu'il y a également beaucoup plus évolués que nous, toutes dimensions confondues.

Le simple fait de nous prendre pour une espèce évoluée montre que nous ne le sommes pas tant que ça.

Quelle espèce évoluée utilise l'arme atomique contre ses semblables ?

Quelle espèce évoluée détruit la nature, se détruit elle-même et répond à la peur par la peur ?

L'Esprit: La vôtre le fait actuellement en effet.

Mais comme vous le dites, elle est capable du meilleur comme du pire.

Vous êtes aussi capables du meilleur.

Laissez alors le meilleur parvenir à vous, laissez mes paroles infuser en vous et rapprocher vos consciences de celle de Dieu à laquelle vous appartenez.

Moi: Cela nous amène je pense à la troisième et dernière phrase que tu m'as insufflée aujourd'hui :

« Lorsque vous aurez tout oublié, il ne restera de vous que l'Amour ».

Peux-tu l'expliquer s'il te plaît l'Esprit ?

L'Esprit: Votre monde est une expérience. Vous êtes venus réapprendre à aimer, améliorer votre compréhension de l'Amour. Votre vie matérielle n'aura plus d'importance lorsque vous aurez ascensionné. Et vous ascensionnerez tous. Mais ce qui restera de vos choix dans la matière en améliorant votre monde, en ne détruisant pas votre planète et en ne causant pas de torts à vos semblables ce sera la conscience, gravée dans votre âme, d'avoir expérimenté un degré plus élevé d'Amour. Tout le reste vous l'aurez oublié. Non qu'il aura disparu ou que vous ne vous en rappellerez pas mais parce que cela n'aura plus d'importance pour vous. Vous ne retirerez de votre vie terrestre que votre expérience de l'Amour. C'est tout ce qui compte pour votre âme. Alors améliorez votre monde pour améliorer votre expérience de l'Amour.

Ainsi, lorsque vous aurez tout oublié, il ne restera plus que l'Amour.

L'Amour est ce que vous êtes. Votre expérience terrestre n'a au fond d'autre objectif que d'améliorer la compréhension de ceci.

Moi: Je te remercie l'Esprit. Je ne pouvais pas rêver meilleur mot de la fin.

Merci encore, je ressens tout ton Amour dans le poids de ces mots.

L'Esprit: Mon Amour pour vous est infini. Cet Amour, j'aimerais que vous compreniez que vous l'êtes aussi.

Moi: Je pense que je le suis chaque jour un peu plus et que nous le serons chaque jour un peu plus grâce à toi.

Séance 11 – La création par la pensée

16/12/2024 :

Moi: Hello l'Esprit.

L'Esprit : Hello l'ami.

Moi : Bon, l'Esprit : dernière phrase que tu m'as envoyée cette nuit après notre magnifique dialogue d'hier sur les civilisations et les consciences :

« L'âme sait qu'elle n'est pas la guerre. Elle n'est déjà pas vos pensées. Elle est encore moins le résultat de celles-ci ».

Pourquoi cette phrase l'Esprit ?

L'Esprit : Cette phrase est une bonne transition, je pense, entre le dialogue d'hier et celui que tu peux choisir d'aborder aujourd'hui.

Moi : Ok, nous allons parler des pensées. Je suis d'accord, c'est un thème très intéressant sur lequel je me suis pas mal penché et qui je pense intéressera ceux qui me (te) liront un jour car trop de personnes, je pense, ignorent le caractère créateur de la pensée ou le connaissent mais ne le comprennent pas vraiment.

Pour moi, la pensée est un objet, il est créateur, comme une parole ou une action. J'en parle dans mes publications sur LVDM.

Mais comme la pensée est « invisible », pas mal de gens pensent qu'elle ne « crée » pas. Tendance fâcheuse à réduire l'existant à ce qui est visible, à ce qui est palpable. Ainsi sommes-nous.

L'Esprit : Très juste l'ami.

Mais vois-tu : il est déjà difficile pour la plupart d'entre vous de comprendre que vous n'être pas réduits à un corps, que le corps est quelque chose que vous « AVEZ » et non quelque chose que vous « ÊTES ».

Alors il est d'autant plus difficile de comprendre que VOUS N'ÊTES PAS VOS PENSEES.

Vos pensées sont la manifestation du programme que vous avez choisi d'être dans cette vie. Mais le programme n'est pas qui vous êtes. Il est ce qui doit vous permettre de retrouver qui vous êtes.

Vous confondez l'outil et la destination.

L'outil et le résultat.

Moi : Ok l'Esprit. Donc si je comprends bien, tu es en train de nous dire en somme que les pensées résultent de notre mental, de notre ego. Tu nous dis que notre ego est le programme que nous avons accepté d'utiliser pour l'apprentissage de l'Amour. C'est un peu le logiciel (« software ») qui nous sert à expérimenter. En comparaison, notre âme serait le « hardware ».

L'Esprit : C'est une belle métaphore informatique, bravo.

Nous sommes obligés de vous parler par métaphores car c'est l'une des meilleures façons à mon sens de vous faire passer les messages.

Les réalités sont complexes (sans être compliquées en substance) mais étant donné que vous vivez dans une réalité limitée, rien de plus facile que de comprendre un concept en le simplifiant, cela permet en effet la compréhension même si c'est une façon réductrice de voir les choses.

Donc oui, vos pensées sont le résultat du logiciel qui est « implanté » en vous et je te vois déjà me poser la question : qui implante ce logiciel ?

Moi : Exact.

L'Esprit : Tu as toi moi-même ton idée et elle est juste : vous-mêmes décidez du logiciel que vous implantez, dans cette vie, dans votre « hardware ». Ce logiciel fait partie des choix de l'âme lorsqu'elle définit avec son guide et l'ensemble des êtres qui l'accompagnent (Moi et vos transincarnations) les expériences qu'elle choisit de vivre dans sa nouvelle vie et la personnalité qu'elle aura.

Ce concept est compliqué. La personnalité est implantée dans votre corps mental.

Vos traits de caractère résultent d'un choix conscient.

TOUT est choix par la conscience, vous le savez bien désormais.

Alors, voyez votre personnalité comme un choix de logiciel.

Je sais, c'est assez brutal dit comme cela.

Car cette personnalité est ce que vous pensez être.

Et vous avez raison, c'est ce que vous êtes dans cette vie.

Mais ce que vous devez comprendre c'est que vous ÊTES bien plus que ce que vous pensez être.

Au même titre que votre corps n'est qu'un outil (certes formidable) à vos expérimentations sur Terre, vos pensées sont elles-mêmes un outil qui vous permet de choisir la façon dont vous déciderez de faire l'expérience de vous-mêmes.

Je viens de te dire que TOUT EST CHOIX PAR LA CONSIENCE.

De la même façon, RIEN N'EXISTE EN DEHORS DE LA CONSCIENCE.

Cela nous mène à ceci : TOUT CE QUI EXISTE EN DEHORS DE LA CONSCIENCE N'EST QU'OUTIL POUR LA CONSCIENCE.

Voici donc la leçon de ce jour.

Moi : Merci l'Esprit. Je te laissais parler…

L'Esprit : *[il me coupe]*… et je t'en remercie !

Moi : Car j'ai bien intégré (du moins il me semble) que tout est choix conscient et que rien n'existe en dehors de la conscience de toute chose (car la Conscience de toute chose c'est Dieu et donc c'est nous)

L'Esprit : Très bien, poursuis.

Moi : Mais tu dépasses encore mon champ de compréhension de tout cela en me disant que dès lors que rien n'existe en dehors de la conscience, ce qui n'est pas conscience n'est pas un « ÊTRE », c'est donc un « AVOIR » pour la conscience, et donc un outil…

L'Esprit : Parfaitement l'ami. Voici la vérité de ce que vous êtes VRAIMENT. Il n'y a que LA CONSCIENCE qui EST (Dieu, vous, nous tous, l'UN). Ce qui n'est pas « conscience » n'est pas un être. Non pas que cette « chose » extra-consciente n'est pas « existante » mais elle n'existe que par extension de ce que votre conscience crée. Cette « chose » n'existe donc pas sans votre conscience. Car sans « Ce qui EST », rien ne peut être.

Moi : Ok, c'est un peu compliqué mais je crois bien comprendre l'Esprit.

L'Esprit : Bien sûr que tu comprends.

Je te donne l'exemple des créations dans l'astral.

Pour simplifier, tu le sais, vos êtres bien aimés vivant dans ce que vous appelez l' « astral » ont la possibilité de créer leur réalité rien qu'en pensant.

En réalité, vous le faites aussi, ce que tu sais bien, mais beaucoup plus lentement.

Dans l'astral, si vous pensez à un objet (et j'emploie volontairement le terme « objet »), cet objet prend naissance devant vous pour la simple et bonne raison que vous l'avez « conscientisé » : par un phénomène d'extraction, votre conscience a extériorisé sa création en la projetant à l'extérieure d'elle-même.

TOUTE CRÉATION EST DONC UNE PROJECTION DE LA CONSCIENCE.

C'est là une règle immuable, pour le monde visible comme pour le monde invisible.

La pensée de l'être spirituel dans l'astral qui projette sa conscience lui permet aussitôt de créer l'objet de ses « désirs ».

Voyez donc quelle puissance a la pensée. Mais en réalité ce n'est pas la pensée elle-même qui crée, c'est vous en tant que consciences.

Et ce que vous pouvez faire, vous pouvez aussi le défaire. Tel est votre libre arbitre.

L'objet qui a été fait peut être défait.

L'être dans l'astral qui pense à une maison et la voit prendre forme telle qu'elle a été projetée par sa conscience peut aussitôt décider de défaire cette création, par le même phénomène de projection de conscience. La « dé-création » est une « création ».

Pour en revenir à votre monde physique, les règles s'appliquent en réalité également dans la forme : votre conscience crée les outils qui servent ses choix libres d'expérimentation.

Il est donc erroné de penser que vos pensées ne créent pas votre réalité dans le monde de la forme.

Elles s'inscrivent, comme n'importe quelle onde énergétique, dans l'ordinateur gigantesque de l'Univers.

Il n'existe pas de message qui ne soit pas énergétique. L'énergie de conscience est une impulsion électro-magnétique qui sert à créer.

Moi : Merci pour ces précisions l'Esprit, tu affines encore plus les concepts que j'utilisais et je t'en remercie.

L'Esprit : Cela est le but mon ami.

Moi : Mais du coup, peux-tu expliquer (car je pense que c'est ce que les gens ne comprennent pas) pourquoi la création par la pensée est si « lente » dans le monde de la forme par rapport au monde de la non-forme (le monde invisible) ?

L'Esprit : Naturellement et je te voyais venir à cette question.

D'abord, votre distinction « forme » VS « non-forme » est une illusion. Rappelons-le. C'est une nouvelle fois une conséquence de votre vision séparatiste de la Vie.

Il n'y a rien qui soit véritablement « forme » ou « non-forme » puisque TOUT EST ENERGIE a des niveaux (ou fréquences) vibratoires différentes qui font que la forme « prend forme » pour ainsi dire ou « ne prend pas forme ».

Voyez donc le monde visible et le monde invisible comme des espaces décloisonnés car c'est ce qu'ils sont. Si ce n'était pas le cas, tu ne pourrais communiquer avec moi mon ami.

Ensuite, vous aurez donc compris que les paroles et les actions ne sont pas les seuls modes de création de vos réalités : la pensée en est une et c'est même un mode très important de création puisque tout démarre par la pensée et tu l'expliques très bien dans tes publications LVDM : avant de « parler » et de « faire » ou « ne pas faire », la conscience pense à ce qu'elle va dire ou faire. En réalité, même quand « vous parlez sans penser » ou que « vos mots ont dépassé vos paroles », vous avez pensé sans vous en rendre compte. Ce que vous dites a toujours été « conscientisé » d'une façon ou d'une autre. Mais ce n'est pas le sujet ici.

Le sujet ici est de comprendre que Ce qui EST cherche à manifester ce Qu'il Est.

C'est ce qu'a fait Dieu et qu'il fait continuellement en faisant l'expérience de Lui à travers vous.

C'est donc parce que vous ÊTES que vous pouvez PENSER (et non l'inverse comme le soutient René DESCARTES, ce que tu expliques également dans tes publications).

Tout est en réalité question d'INTENSITE dans la manifestation de Qui Vous Êtes.

Dans votre monde physique, la pensée créé plus lentement car il vous faut plus de « temps » pour extérioriser votre Conscience et donc la manifester de l'intérieur vers l'extérieur.

Vous remarquerez aussi que plus votre volonté est puissante et plus elle est imprégnée d'une réelle intention d'Amour, plus votre flux de conscience (c'est ainsi que l'on peut appeler la « manifestation de conscience ») est entendu par l'Univers car vous ne pouvez manifester en une seule fois. Votre message aura d'autant plus d'impact énergétique qu'il est tenace.

Et ne vous méprenez pas : la ténacité ne permet de créer sur le long terme que si elle est pourvue d'Amour.

Là où votre ténacité dans la haine s'affaiblira, votre manifestation par l'Amour sera conservée puisqu'elle est directement alignée avec votre essence divine.

Je viens de te révéler là le pourquoi de la « certitude » de Dieu quant à votre retour à Lui.

Dieu sait que vous êtes fondamentalement énergie d'Amour.

Et pour en revenir à ta question, l'intensité énergétique avec laquelle vous pensez permet à votre pensée de se manifester plus ou moins « rapidement » dans votre réalité. Car l'intensité énergétique, surtout si elle est ponctuée d'Amour, crée cette connexion entre vous et Tout Ce Qui Est.

Le plan vibratoire sur lequel vous vous situez est plus « lourd » que celui - ou devrais-je dire ceux- sur lesquels évoluent vos défunts, vos anges, vos guides…

Par voie de conséquence, il vous faut plus d'énergie d'Amour pour attirer à vous ce que vous souhaitez.

Mais cela n'est pas impossible, certains d'entre vous ont fait des « miracles ». Le miracle n'est rien d'autre qu'un fait ordinaire que vous prenez pour extraordinaire car vous ne comprenez pas qu'il puisse en être différemment, dans votre monde même, que la vision séparatiste que vous continuez d'entretenir.

Moi : Ok l'Esprit.

Donc notre pensée provient de la Conscience, elle est créatrice et elle est d'autant plus créatrice qu'elle est manifestée avec intensité et Amour.

L'Esprit : Cela me semble être un bon résumé.

Moi : Je rajouterais qu'elle est difficile à manifester rapidement dans un monde lourd, de matière solide.

L'Esprit : Difficile mais pas impossible.

Et tu oublies surtout une variable importante.

Moi : Laquelle ?

L'Esprit : Celle qui consiste à sa rappeler que vous êtes ici (sur Terre j'entends) par choix conscient.

Vous avez donc choisi d'expérimenter un monde où la Conscience crée plus lentement par la pensée. Car en vous forçant à ne pas avoir tout de suite ce que vous voulez, vous augmentez vos chances d'expérimentation croissante et rapide de l'énergie de Dieu.

Moi : Tu es en train de me dire que ce qui fonctionne dans un sens joue dans l'autre sens : que si la création par la pensée est lente dans le monde de la forme, cela fait que l'expérience de l'Amour est plus rapide et plus grandiose. Inversement, une création rapide par la pensée (dans l'astral) permet une expérience de l'Amour plus lente ou moins spectaculaire.

L'Esprit : Je n'aurais pas choisi ces mots mais ce sont les tiens et donc en même temps les miens. L'idée et là mon ami, l'idée est là.

Chaque choix conscient a des conséquences qui sont elles-mêmes conscientes, c'est ce qu'il faut que vous reteniez aussi.

Si vous vous incarnez sur Terre c'est que vous en faites le choix.

Si vous en faites le choix, c'est que vous savez que les règles qui s'appliquent sur Terre, si difficiles soient-elles, auront des conséquences d'autant plus importantes (dans les deux sens) pour votre âme pour peu que vous soyez conscients de votre rôle d'expérimentation de l'Amour.

Moi : Tu allais dire « mission » et j'ai écrit « rôle ».

L'Esprit : Car vous n'auriez pas tous compris le mot « mission ». Vous n'avez aucune autre mission qu'aimer et être aimés, donner et recevoir de l'Amour.

« Mission » est connoté chez vous. Vous n'êtes pas dans James bond 007.

Moi : Ok l'Esprit, tu as raison.

Je te remercie pour ces explications.

L'Esprit : Je te l'ai déjà dit et te le répète car il est important que chacun le sache : vous êtes tous extrêmement courageux de venir vous incarner dans la dualité comme sur Terre. L'expérience est difficile. Mais ce n'est que lorsqu'on est confronté à ce qui n'est pas l'Amour que l'on peut faire jaillir d'autant plus qui est en nous.

Moi : C'est vrai l'Esprit, merci beaucoup.

C'est à moi de conclure aujourd'hui, tu permets ?

L'Esprit : Je te permets tout mon ami, tu es Moi, tu es mon enfant bien aimé et ta parole est mienne autant qu'elle est tienne.

Moi : Alors voici le message que j'ai « vu » sur une pancarte en bois hier après-midi en allant déjeuner chez un ami. Je me suis trompé d'immeuble en prenant la rue de gauche avant de rejoindre la bonne destination par la droite et je n'ai pas douté que tu m'avais envoyé à gauche pour que je puisse lire ce message. Je n'ai pas douté qu'il s'agissait d'un signe de toi et cette phrase est parfaite à mon sens pour clôturer cette session :

« Plutôt que de nous plaindre de l'obscurité, faisons jaillir la lumière ! ».

L'Esprit : Cette phrase me semble en effet parfaite pour clôturer cette session et je te remercie de ne pas douter de moi.

C'est ainsi que tu feras jaillir ta propre lumière, par une confiance absolue de ma présence en toi.

Cette lumière, diffuse-la sans relâche.

17/12/2024 :

Moi: Salut l'Esprit.

L'Esprit : Salut fils.

Moi : Aujourd'hui je souhaiterais te parler de la façon que tu as de communiquer avec nous.

Je pense que cela facilitera la compréhension de chacun car le divin est encore beaucoup trop perçu comme quelque chose d'inaccessible ou réservé aux élus alors qu'il n'y a ni élus ni inaccessibilité : il y a connexion entre qui parle et qui souhaite écouter.

L'Esprit : Très beau démarrage fils. Cela est très juste.

Tu as dit trois choses importantes qui découlent toute de l'Unité du Tout avec Lui-même :

- Le fait qu'il n'y a PAS d'élu (vous êtes tous les élus de Dieu. Il n'y en a donc pas un plus qu'un autre en particulier. Soit vous êtes tous élus, soit personne ne l'est, ce qui revient au même) ;

- Le fait que rien n'est inaccessible car votre nature divine vous ouvre depuis toujours l'accès au Tout avec lequel vous ne formez qu'UN ;

- Le fait que pour comprendre que vous être reliés au TOUT, il faut en avoir conscience. Ma communication vous est donc perceptible (ou palpable) qu'à partir du moment où vous avez conscience de la recevoir. Il en va de la foi, de l'acceptation, de la conscience du fait d'écouter qu'on vous parle car le divin vous a toujours parlé, sans interruption.

Moi : Merci l'Esprit. Et ceci étant rappelé, pourrais-tu nous expliquer quelles formes de communication tu emploies à l'égard de ceux qui « savent » écouter ?

L'Esprit : Il y en a des centaines. En réalité elles sont innombrables.

Sachez juste ceci : Je vous touche par des voies que vous ne soupçonnez pas.

Car vous pensez pour la plupart (et ce n'est pas ton cas mon fils) que ma communication est nécessairement verbale.

Encore une fois, vous limitez votre écoute à ce que vous croyez connaître de la communication.

Moi : Encore une forme limitante de percevoir la réalité.

L'Esprit : On ne peut vous le reprocher. C'est votre forme à vous car il est difficile d'appréhender ce que l'on ne connaît pas.

Vous échangez entre êtres humains, la grande majorité du temps, par des paroles.

Alors, puisque vous pensez que Dieu est un être comme vous (ce qu'Il Est au fond mais c'est vous qui ne savez pas qui vous êtes vraiment), vous pensez par un lien de cause à effet que son mode de communication « privilégié » est le vôtre en tant qu'humains.

Aucun d'entre vous n'est humain.

Vous l'êtes dans la forme, vous ne l'êtes pas spirituellement.

Vous êtes des Esprits (spirit) comme nous le sommes tous.

Si ce mot ne vous plaît pas car il n'est qu'un mot (qu'un symbole), parlons alors d'âmes ou de consciences.

En tant que consciences, vos modes de communication avec d'autres consciences et avec le Grand Tout qui unifie toutes les consciences entre elles sont multidimensionnels et extrêmement plus complexes en informations que ne l'est votre langage parlé.

Moi : Lorsque tu me délivres des messages la nuit notamment, je suis dans ce qu'on appelle une sorte d'état de conscience modifié qui fait que je perçois un message comme un paquet d'informations et de ressentis que je traduis moi-même par des mots pour rendre le message intelligible.

Mais j'ai conscience moi-même que je transforme le message en y apposant des mots.

J'ai conscience que les mots donnent une idée assez bonne du message mais qu'en même temps ils le limite.

Sauf que la partie du message qui va au-delà des mots n'est pour moi par transmissible en langage humain.

L'Esprit : Tu viens de toucher là quelque chose d'important que peu expliquent : je communique avec vous par la conscience. La conscience ou pour vous faire comprendre plus aisément les choses, le « flux de conscience » est en effet un ensemble informationnel qui n'est captable que par une autre conscience de même « niveau ». Et lorsque je dis ici « niveau » ce n'est pas plus élevé ou moins élevé, mais situé sur un même canal de communication.

Lorsque vous êtes sur Terre, dans la forme, votre canal de communication principal est pour vous le langage.

Vous vous trompez.

Vous communiquez bien plus par les sentiments.

Votre langage est imparfait, vous le savez, bien que pourtant très riche en symboles et efficace pour votre vie quotidienne dans la matière.

Lorsque je communique avec vous, je communique par les sentiments.

Le canal des mots est celui que j'utilise en dernier car il limite votre perception des choses déjà très limitée à la base.

Moi : Sympa l'Esprit, personnellement je ne me vexe pas. Et j'espère que ceux qui nous liront non plus.

J'ai conscience des limites du langage humain. Il est très riche pour nous mais reste très faible en flux d'informations si on le compare à la communication spirituelle de conscience à conscience. Tout est relatif…

L'Esprit : Parfaitement, tout est toujours relatif, en effet.

Moi : Donc tu communiques davantage avec nous par les sentiments.

L'Esprit : Ils sont proches de ce qu'Est votre âme.

Lorsque vous ressentez de l'Amour, c'est que j'agis directement à travers vous.

Quelle plus belle forme de communication ?

Moi : En effet.

L'Esprit : Je communique aussi avec vous par les « coïncidences » que vous appelez « synchronicités » car vous le savez bien (ou non), il n'existe pas de coïncidences.

Cependant, ne cherchez pas à tout prix à savoir pourquoi.

Si vous faites cela vous mentaliserez.

Si vous mentalisez, vous passerez à côté de l'essentiel du message.

Vous devez accepter le fait qu'un ressenti ne doive pas être analysé.

Votre analyse est du ressort de l'ego / du mental.

Vous devez accepter que l'âme utilise une façon de communiquer qui ne laisse que peu de place à l'analyse, ce qui Est EST sans qu'il soit besoin de chercher à comprendre pourquoi il Est ou elle n'EST pas.

Moi : Pourtant ce n'est pas ce que nous faisons ensemble : comprendre ce qui Est ou ce qui n'Est pas ?

L'Esprit : Non, je te dis ce qui Est afin que tu voies que ce Qui Est n'a pas besoin de compréhension. Dès que vous cherchez à comprendre vous limitez ce qui Est car vous utilisez des concepts analytiques pour expliquer l'inanalysable, vois-tu ? Comprends-tu le non-sens que cela peut représenter ?

Moi : Oui l'Esprit. Personnellement, ma communication avec toi est devenue plus fluide dès que j'ai cessé de me poser la question de savoir si c'était moi, toi qui parlais…, nous en même temps. Je sais que tu me parles. Je me moque de placer un symbole sur cette communication : est-elle unique ? est-elle duale ? Est-elle mentalisée ? Elle EST et peu importe le reste.

L'Esprit : Tu progresses à grands pas.

Lorsque je te parle, ton canal place tes mots à toi.

Si je parlais à un autre que toi, les tournures de phrases seraient différentes.

Mais comme je te l'ai dit, je veille à ce que le message ne soit pas altéré en substance, peu importe la coloration de vos mots.

Vous avez chacun votre « style » car votre canal est une forme de création : vous créez donc ma parole en utilisant votre contexte d'appartenance (socio-culturel, familial…).

Plus votre intention est pure, consciente, exempte de tout doute quant à votre faculté de communiquer avec moi et recevoir mes paroles, plus le champ informationnel de mes messages sera conservé.

Moi : Merci l'Eprit pour ces explications.

Tout à l'heure je t'ai parlé des messages la nuit, en état de conscience modifié. Dans ce cas-là, je perçois tout à fait la limite du langage. Je ressens que l'information est plus globale mais je ne parviens à l'expliquer par des mots qui sont eux-mêmes des symboles limitants de ce qu'on peut percevoir.

En revanche, lorsque je suis éveillé (et donc en ce moment même), ta voix me parvient directement intérieurement et je ressens beaucoup moins cette limitation des mots.

Comment l'expliques-tu ?

L'Esprit : Lorsque tu es endormi, ton âme rejoint un autre « niveau » comme je l'expliquais ci-dessus. Vous voyagez tous dans l'astral pendant vos nuits pour faire le point sur vos journées, pour capter l'information du monde de la non-forme et la retranscrire dans la forme, pour capter, même au niveau subconscient, mes messages, ceux de vos guides, parfois même de vos défunts qui vous accompagnent dans votre parcours terrestre.

Le fait que vous ayez rejoint un « niveau » différent de celui sur Terre (qui est le niveau habituel pendant vos journées), vous fait accéder à un mode de communication plus complexe que le vôtre.

Alors, lorsque vous devenez conscients que nous communiquons avec vous (et c'est bien ton cas désormais), vous vous rendez compte par vous-mêmes à quel point votre langage est un entonnoir qui ne laisse passer que certaines informations et qui ne permet pas d'en codifier d'autres comme si elles étaient émises sous un format non traductible par votre système d'exploitation.

Moi : Ok l'Esprit. Pour poursuivre les métaphores informatiques, notre langage humain ne pourrait lire en somme que du pdf et tu nous envoies certaines informations en jpg.

L'Esprit : C'est l'idée. Sauf que vous avez la faculté d'améliorer votre canal. Vous n'êtes pas obligés de restés bloqués sur un format. Mais il est vrai que certaines informations s'accommodent mal d'un type de format en particulier. Elles sont « trans-format ». Dès lors, tout format quel qu'il soit conduit nécessairement à une limitation.

Moi : Ok pour la phase endormie.

Mais pour l'éveil du coup. Pourquoi ce sentiment de limitation est-il moindre (me concernant par exemple) ?

L'Esprit : Car je te parle sous ton propre format : c'est moi qui rejoins ton « niveau » : je te parle en pdf dans ton exemple, pour peu que tu acceptes d'avoir conscience de me recevoir dans ce format.

Tu n'as donc pas ce sentiment de limitation car c'est moi qui parle ta langue. Et c'est aussi pourquoi mes mots sont les tiens en ce sens qu'ils sont connotés, influencés, colorés par tes propres expériences et ta propre personnalité.

C'est plus clair pour toi ?

Moi : Oui l'Esprit. Je te remercie.

Je ne sais pas si tout ceci intéressera ceux et celles qui nous liront un jour mais je t'avoue, un peu égoïstement, que j'avais besoin de comprendre, un peu…

L'Esprit : Ce n'est pas égoïste. Ton envie de comprendre est naturelle et par ta compréhension tu permettras à chacun de comprendre le lien que vous avez tous avec le divin.

Le temps est venu que vous « désacralisiez » ce rapport au divin, que vous compreniez que vous avez toujours été en lien avec nous. Et surtout, que vous compreniez que ce lien est éternel puisqu'il n'existe pas de différence entre vous et nous. Nous sommes tous des créatures du Grand Tout cocréatrice du Grand Tout avec le Grand Tout et pour le Grand Tout.

Remplace « Grand Tout » par « Amour » et tu verras à quel point c'est drôle.

Moi : *« Nous sommes tous des créatures de l'Amour cocréatrices de l'Amour avec l'Amour et pour l'Amour ».*

L'Esprit : Voilà donc ce que vous êtes. Vous êtes la cause, la conséquence, le pourquoi, le comment, tout cela en même temps.

La cause de l'Amour c'est l'Amour. L'Amour a pour conséquence l'Amour. Pourquoi l'Amour ? Car l'Amour Est. Comment l'Amour ? En étant Amour.

C'est aussi simple que cela.

Moi : Les implications ne le sont pas.

L'Esprit : Parce que vous le choisissez.

Vous pourriez tout aussi bien choisir que les implications soient au contraire très simples.

Moi : Il me semble que nous dévions de notre thématique du jour qui est le langage de communication du divin avec nous.

L'Esprit : Pas tant que ça. Je t'ai dit au début de ce dialogue que le langage de communication du divin, sous sa forme la plus haute et donc la plus pure est PURE LUMIERE. Cette lumière de Dieu contient toute l'information de l'Univers distillée au compte-goutte dans vos consciences.

Cette communication est permanente. Elle utilise toutes les voies possibles et imaginables pour peu que vous sachiez écouter en pleine conscience.

C'est vous qui choisissez les implications de tout cela.

Cela a toujours été vous.

La communication est simple si vous décidez qu'elle l'est.

Elle ne l'est pas si vous êtes convaincu qu'elle ne peut l'être.

Plus vous comprendrez que tout est beaucoup plus simple que ce que vous pensez et que votre âme utilise un langage non-analytique qui n'est pas celui de votre mental, plus la communication avec l'invisible vous paraîtra fluide, ce qu'elle est foncièrement.

Lorsque vos consciences deviennent plus perméables à l'information, celle-ci peut être rendue dans tous formats possibles qu'elle sera tout de même captée par vos consciences.

Vos langues sont un format informationnel très limité.

Vos ressentis le sont moins pour peu que vous ne cédiez pas à la tentation de vouloir toujours tout passer sous le spectre de l'analytique.

Notre langage (qui est le vôtre à son état le plus pur) est LUMIERE. Ce langage est le seul de véritablement universel. Il est le lien même entre tout ce qui Vit.

Et Tout ce Qui vit communique avec tout ce qui vit, par ce langage.

C'est acquis.

Ce qui ne l'est pas est que vous devez en avoir conscience par vous-mêmes.

Moi : Le libre arbitre ?

L'Esprit : Par Amour pour vous, oui.

Moi : Merci l'Esprit, merci beaucoup pour cette conversation.

Je la relirais à tête reposée.

L'Esprit : Tu l'as écrite avec moi sans chercher à l'analyser. En la relisant, tu verras que je ne t'ai rien appris que tu ne connaisses déjà. Tout ceci n'était qu'un rappel.

Moi : Un rappel nécessaire. A très vite l'Esprit.

L'Esprit : A bientôt l'Ami.

Séance 13 – Le partage

18/12/2024 :

Moi: Salut l'Esprit.

L'Esprit : Bonjour l'ami.

Moi : L'Esprit, je te remercie pour les formidables messages que tu m'as envoyés pendant la nuit dernière et pour faire le lien avec notre discussion d'hier sur les modes de communication du divin, j'ai ressenti la profondeur du message, comme un paquet d'informations denses reliées entre elles par l'Amour.

Impossible de traduire parfaitement ce que j'ai reçu.

Mais voici les mots qui me sont restés qui, je l'espère, résument ton message :

« Le gâteau se partage ».

L'Esprit : C'est un résumé court mais efficace me semble-t-il.

En effet, le message était beaucoup plus global que cela et c'est là où les mots nous manquent.

Mais tu as gardé la substance de ce que j'ai instillé en toi.

Ce gâteau c'est la Vie.

C'est un (g)âteau et un (c)a(d)eau.

Et l'important est mon invitation à ce que vous partagiez tous entre vous ce gâteau et ce cadeau.

Moi : Nous allons donc parler de PARTAGE.

L'Esprit : Si tu le souhaites mon ami, voilà la thématique du jour que je te propose.

Moi : C'est une thématique merveilleuse et je t'en remercie.

L'Esprit : Je te remercie de même de bien vouloir l'évoquer avec moi.

Tu te doutes quelle « tournure » je souhaite emprunter lorsque je te parle de partage.

Moi : Oui, nous allons parler d'Amour et cela me va bien.

L'Esprit : Parfaitement l'ami.

Il y a tant de formes d'Amour possibles et mon souhait est que vous le compreniez.

Ces formes prennent différents noms dans votre langage. Mais ce sont tous des noms qui se rattachent au même « concept » : l'Amour.

Cet Amour c'est l'énergie de Dieu que nous vous amenons, par conscience, à vous faire intégrer et à manifester dans votre réalité.

Moi : Merci l'Esprit.

Alors peux-tu me (nous) dire pourquoi le PARTAGE aujourd'hui ?

L'Esprit : Car c'est une merveilleuse forme d'Amour, qui gagne à être développée davantage dans votre monde pour vous permettre à tous de toucher le bonheur auquel vous aspirez.

Allez, je te laisse annoncer la deuxième phrase que tu as reçue.

Elle nous permettra de mieux développer la première qui, elle, était plus brumeuse dans la réception par ton canal.

Moi : C'est exactement ça.

La deuxième phrase est :

« Il n'y a pas de partage sans don de soi ».

Celle-ci était beaucoup moins brumeuse.

L'Esprit : A la bonne heure.

Voilà qui nous permet de développer un peu plus.

Je te disais donc que le gâteau (ou le cadeau) se partage.

Vous devez donc partager la Vie, et partagez l'Amour (la Vie étant l'Amour) pour toucher le bonheur et pour être alignés avec votre être véritable.

Et c'est maintenant l'essence même du PARTAGE, formidable démonstration d'Amour, que nous allons expliquer.

Le partage n'est rien d'autre qu'UN DON DE SOI.

Voilà une bonne définition.

Moi : Rien que cela, partager c'est se donner soi-même ?

L'Esprit : C'est à la fois rien et tellement en même temps.

Dans votre définition matérielle, partager c'est couper un bout pour le donner à un autre.

Voilà pourquoi on peut d'ailleurs parler de partager le gâteau comme tu l'as reçu toi-même.

Je vais maintenant vous enseigner que spirituellement, lorsque l'on partage, on ne DIVISE pas le bien partagé, au contraire on l'UNIFIE. Et même, on le multiplie dans l'UNIFICATION.

Note-le bien.

Moi : C'est que je viens de faire l'Esprit. Je te rappelle que je note en même temps que je t'entends.

L'Esprit : Fort bien !

Comprenez alors que partager ce n'est JAMAIS rendre plus petit le bien que vous partagez.

Vous pensez qu'en coupant le gâteau en deux et en en donnant la moitié à quelqu'un il ne vous reste qu'une moitié du gâteau.

D'un certain point de vue oui, mais que gagnez-vous à avoir partagé ?

Moi : Beaucoup plus qu'une part du gâteau…

L'Esprit : En réalité vous gagnez bien plus que le gâteau lui-même.

En donnant une partie de vous, en donnant une partie sincère de qui vous êtes dans le partage, vous multipliez l'Amour de Dieu et donnez à l'autre l'opportunité d'en faire autant.

Vous devenez un vecteur de lumière en donnant l'opportunité à l'autre, éclairé par votre lumière, de partager lui-même la sienne, à votre égard et à l'égard de toute personne dont il croisera la route.

Vois-tu, le partage est bel et bien une distribution d'Amour.

Moi : Et ce que nous donnons à l'autre, nous ne le perdons pas, nous nous le donnons en réalité à nous-même, dans l'Union de nos êtres, dans la multiplication de l'Amour pour tous.

L'Esprit : C'est parfaitement ça mon fils.

Révèle-nous maintenant la troisième et dernière phrase que tu as reçue cette nuit et qui nous permettra de clôturer cette session.

Moi : Bien sûr l'Esprit, la voici : « *le partage est multiplicateur d'Amour* ».

L'Esprit : La boucle est bouclée.

Votre Vie est un cadeau, un merveilleux cadeau de Dieu vous permettant d'expérimenter la magnificence de l'Amour. Ce cadeau, vous ne pouvez le garder pour vous-même. En le partageant avec les autres, vous le multipliez. Si votre don de vous-même est sincère et guidé par l'Amour, sans rien rechercher en retour que le plaisir de donner pour éveiller un peu plus d'Amour chez vous et chez les autres, vous serez l'incarnation de ce que Dieu souhaite pour vous tous : comprendre que vous êtes ces êtres d'Amour véritables.

Alors je vous en prie, mettez tout en œuvre, pour votre bien, et devenez de merveilleux accélérateurs d'Amour par le PARTAGE.

Ce que vous récoltez en partageant avec le cœur est immensément plus grand que l'objet partagé.

Moi : Merci l'Esprit, la leçon d'aujourd'hui était en réalité déjà faite avant même la leçon.

L'Esprit : Tu l'avais parfaitement compris.

Moi : Je voulais que chacun le comprenne. Merci pour ces trois merveilleuses phrases et ces explications les liant les trois entre elles et donnant le sens spirituel véritable du mot PARTAGE.

L'Esprit : Merci mon fils.

Que chacun d'entre vous le comprenne, au jour le jour, et augmente sa compréhension de l'Amour, ce à quoi tu contribues depuis le départ en partageant ce savoir, avec une intention sincère et véritable d'Amour.

Moi : Avec plaisir l'Esprit.

Séance 14 – Les sciences et la conscience

19/12/2024 :

Moi: Salut l'Esprit.

Aujourd'hui j'aimerais que nous parlions « sciences ».

Car c'est un thème trop peu emprunté par les livres spirituels.

Qu'en dis-tu ?

L'Esprit : Hello l'ami, c'est une excellente idée.

Moi : En fait, j'aimerais, à travers toi, faire comprendre à ceux qui nous liront que la spiritualité n'est pas quelque chose de lointain, c'est notre nature profonde d'être relié au divin car nous sommes le divin.

L'Esprit : Tu participes donc de cet effort de désacralisation de notre rapport *[avec vous]* qui a été perturbé par tant de siècles de croyances erronées fondées elles-mêmes sur la séparation de l'Homme et de Dieu et de la supériorité de Dieu sur vous alors que cela est une méconnaissance de la réalité de notre Union.

Je t'en félicite donc et te laisse poursuivre.

Moi : Merci l'Esprit.

Je ne suis pas scientifique et pourtant je perçois le fait que nous faisons fausse route car notre vision séparatiste pollue toutes nos perceptions, et j'allais dire toutes nos créations. Tout ce que nous créons me semble toujours entaché par cette séparation de nous et du divin.

L'Esprit : C'est un ressenti que tu as et laisse-moi te dire qu'il est très juste.

En effet, tu n'es pas scientifique.

Mais tu perçois très bien désormais que la science n'est pas détachée du reste.

Vous devez donc comprendre, une bonne fois pour toute, que RIEN N'EST DETACHE DE RIEN. Affirmé de manière positive, vous devez comprendre donc que TOUT EST UNI. TOUT L'A TOUJOURS ETE.

Tu le dis toi-même : la science et la spiritualité sont le revers d'une même médaille.

Vos scientifiques l'ignorent, pas tous loin de là, mais beaucoup oui.

L'ironie est qu'ils ne savent pas eux-mêmes que les avancées technologiques que connait votre planète leurs ont été insufflées par ce que vous appelez l'invisible.

Sur d'autres plans, des scientifiques « du ciel » (appelons-les comme ça) aident vos propres scientifiques dans leurs intuitions et les guident pour trouver les formules mathématiques ou les découvertes qui amélioreront leurs connaissances techniques.

Ils pensent que ce savoir existe per se *[en soi]* mais ils sont bien souvent (pas tous encore une fois mais bien souvent) incapables d'imaginer que ce savoir est lié (et même intriqué nous allons y revenir) à Tout ce Qui Est.

Moi : Lorsque tu dis « intriqué », j'imagine que tu évoques la notion d'intrication quantique en sciences physiques, à savoir (je vulgarise étant moi-même profane) le fait que l'observation d'un atome ou d'une particule atomique à un instant T et sur un endroit donné opère une modification sur une autre particule issue du même atome qu'on aurait envoyée à des milliards d'années-lumière de là.

L'Esprit : Parfaitement.

Plus votre « science » évoluera, plus vos scientifiques se rendront compte par eux-mêmes que les lois de la physique sont infiniment précises mais que tout ce qui existe dans votre réalité matérielle à son pendant dans le monde de la non-forme. Tu appelles ça toi-même la loi de la correspondance : *« Comme en haut, ici en bas »*.

Moi : Pour ne pas perdre ce qui nous liront l'Esprit, permets-moi d'expliquer (ou réexpliquer) la loi de la correspondance.

L'Esprit : Mais je te permets tout mon ami.

Moi : La loi de la correspondance est une loi spirituelle qui pose comme base que chaque situation dans notre monde matériel a pour pendant une situation qui l'a causée dans l'astral. C'est l'intrication entre les « deux mondes ». Si vous êtes par exemple malade sur Terre, les causes de votre mal se sont déjà révélées « avant » dans l'astral et votre corps est le dernier « support » pour que votre âme vous le fasse comprendre lorsque vous avez déjà été « sourd » à tout dialogue. Et quand je dis « avant » cela est une fiction puisque nous voyons le temps comme une ligne horizontale mais dans l'astral tout s'est déjà passé dans une ligne verticale de « non temps ».

L'Esprit : Tu commences à parler comme moi l'ami.

Ressens-tu désormais que ma parole est la tienne. Tu pourrais mettre « Moi » ou « l'Esprit » avant chacune des phrases que tu écris qu'il en serait de même.

Moi : Je ne doute pas de ta présence en moi, je ne doute pas de ce que tu dis.

L'Esprit : Alors ressens pleinement à quel point nous sommes UN et unis dans ce dialogue et cet Amour qui infuse en toi.

Pour en revenir à ton propos, votre monde n'est bien entendu pas séparé « du nôtre ». Lorsque je dis « le nôtre » c'est en réalité aussi tellement le vôtre que tous les mots que j'emploie n'ont de sens que dans votre réalité.

Pour « nous », il n'y a jamais eu de « nous ». J'emploie (à travers toi) le « nous » pour votre compréhension. Nous sommes tous ensemble l'éternel « JE » de Dieu.

Vos scientifiques ont découvert ce que tu as expliqué : l'intrication quantique.

Vous n'avez été finalement que peu surpris du fait que l'observation d'un élément modifie cet élément. C'est donc l'œil de l'observateur qui influe sur ce qui Est. Cette découverte est la même que celle de savoir que toutes vos créations influent sur votre monde. Observer est une création car en observant vous jeter un regard subjectif sur votre monde. En imaginant, avec votre personnalité, le monde, vous définissez ce qu'est le monde pour vous.

Comment appelez ceci autrement qu'une création ?

Moi : Tu as parfaitement raison l'Esprit. Dis comme ça j'espère que cela deviendra très clair pour tous.

L'Esprit : Ce le sera mon ami, de plus en plus crois moi. Ce dialogue avec toi est également fait bien sûr pour que cela le devienne.

Moi : J'ai lu aussi dans le livre *« Pardonner à la mort, l'Entre-deux-vies »* de Sylvain Didelot que notre véhicule astral répond lui-même à cette règle de l'intrication.

L'Esprit : Oui et ce n'est que l'application de ce que vous appelez la loi de la correspondance qui a été expliquée brièvement ci-dessus.

Moi : Il est expliqué notamment que lorsque notre conscience se déleste de notre corps physique lorsque nous « mourrons », notre conscience est projetée automatiquement dans notre corps astral. Celui-ci est « étiré » dans le tunnel de lumière qui nous mène chacun de nous à sa conscience supérieure.

L'Esprit : Tu évoques des sujets pointus mais c'est d'accord parlons-en puisque cela est ton souhait.

Déjà, votre conscience (qui est VOUS ne vous en déplaise) ne se déplace pas « automatiquement » dans votre corps astral : c'est VOUS qui faites vous-mêmes cette démarche consciente puisque TOUT est conscient comme je te l'ai déjà dit. Mais ne compliquons pas l'explication à ce stade.

En effet, votre corps physique n'est plus qu'un manteau que vous retirez lorsque vous faites l'expérience de ce que vous appelez « la mort ». Cette mort, qui est en réalité une renaissance pour vous, vous permet d'aller plus loin dans la compréhension de qui vous êtes car vous devenez moins inconscient (ou plus conscient finalement) de votre existence indépendante de toute condition. Vous comprenez alors que vous n'êtes pas conditionnés à la matière. Cette illusion n'est plus de l'autre côté, par la force des choses, puisque vous constatez que vous continuez d'être sans votre véhicule premier sur Terre (le corps) dans lequel vous aviez placé votre conscience.

Votre conscience comprend que les propriétés de l'astral ne sont pas les mêmes que celles de la matière. La fréquence vibratoire n'est pas là même. Notamment, votre vitesse de déplacement (par la force de la pensée) rend « inconsistante » toute notion d'espace-temps puisque, pour reprendre tes mots dans *« Nous sommes éternels »*, tu as constaté par toi-même que ton fils, cette petite boule de lumière, est partout en même temps.

Les propriétés de votre corps astral font qu'il est étirable à l'infini sans pouvoir être « cassé » comme le serait votre corps physique.

Cela définit pour le moment (en l'état de votre connaissance scientifique dans la dimension dans laquelle tu vis) tout ce que peuvent comprendre l'essentiel de vos scientifiques.

L'intrication quantique mon ami, ceci n'est pas différent de cela.

Votre corps astral s'étire à l'infini car il n'est pas soumis aux « lois de la matière ».

Il est un corps d'énergie pure. Votre conscience l'intrique par elle-même à Tout ce qui Est, « automatiquement » tu dirais, « par conscience » je te dirais moi.

Moi : Ok l'Esprit, merci pour ces explications.

L'Esprit : Ce que je te dis là tu le sais déjà. Tu penses que ma volonté est de l'expliquer mais c'est la tienne (et donc la mienne) que de l'expliquer aux autres.

Moi : Bien vu.

Que reste-il alors à comprendre (du moins à ce niveau-ci) pour nos scientifiques (et ne me dis pas que tout reste à comprendre je le sais) ?

L'Esprit : Rien n'est à comprendre. Tout reste à intégrer en conscience.

Votre corps astral est UN dans sa composition, partout et en tout temps où il se trouve. Votre conscience décide qu'il n'est ni sécable, ni séparable.

Les lois de l'Univers décident, elles, que le temps et l'espace n'ont de sens que relativement à votre croyance de l'existence limitée à la matière alors que la matière n'est « que » le support de vos expériences de conscience.

Vos scientifiques continueront de faire des « découvertes » incroyables. Tu écris découvertes entre guillemets car tu sais désormais que jamais rien n'est découvert. Tout existe déjà. Tout est donc mis en lumière en fonction de votre capacité consciente à le « découvrir ».

Moi : Sans reprendre une nouvelle fois la citation de Rabelais *(« sans conscience n'est que ruine de l'âme »)*...

L'Esprit : Tu viens de la reprendre...

Moi : ... quel serait ton message pour cette séance sur la spiritualité VS la science.

L'Esprit : D'enlever le « VS » à ta phrase.

Que vous compreniez tous que RIEN n'est séparé de rien et rien n'existe sans rien.

C'est encore, une nouvelle fois, ce même dialogue circulaire sur l'UNITE du Tout que je ne cesserai de vous rappeler.

Moi : Tu oublies de parler d'Amour ?

L'Esprit : Car je savais que tu allais le faire pour clôturer cette séance.

Moi : Bien sûr l'Esprit.

Alors à mon tour de dire par ta voix et la mienne ceci : il n'existe aucune autre règle scientifique qui gouverne les mondes visible comme invisible que ne repose sur l'explication énergétique et consciente de la Vie. Cette énergie est Amour.

Elle explique la science.

Elle explique ce qu'on appelle chez nous la « spiritualité ».

Elle explique la Vie.

La Vie est construction consciente et éternelle par diffusion d'énergie d'Amour, l'énergie de Dieu et la nôtre avec Lui.

Lorsque nous aurons compris mais surtout intégré dans nos consciences que toute explication du monde a pour origine la volonté consciente d'expansion par le « JE » que nous sommes de cette énergie d'Amour, nous aurons une meilleure compréhension de nos sciences et de leur lien avec la con(SCIENCE) *[« con » – science : uni avec la science]* et par là-même une meilleure connaissance de nous-mêmes.

L'Esprit : Voilà qui est dit. Mon énergie circule en toi.

Il n'existe rien d'autre. Vous le saurez lorsque vous serez devenus conscients qu'aucune explication quelle qu'elle soit ne peut trouver sa source en dehors de l'Amour.

Séance 15 – La religion

20/12/2024 :

Moi: Salut l'Esprit.

Pas eu le temps de te « contacter » depuis ce matin.

L'Esprit : Ce n'est pas grave l'ami, je te l'ai déjà dit, je ne pense pas avec vos sentiments humains et je n'attends pas de toi que tu me contactes d'une façon particulière, je suis toujours présent. Vois-tu, j'échappe à la dualité. Celle-ci est du ressort de votre monde.

Moi : Merci en tout cas d'être présent [particulièrement] à chacune de mes volontés d'écrire, ce dialogue avec toi est important pour moi.

L'Esprit : Il l'est et le sera pour tous mon ami. Il l'est pour moi aussi.

Alors, de quoi voulais-tu me parler aujourd'hui ?

Moi : De religion(s). Penses-tu qu'il s'agit du bon moment ?

L'Esprit : C'est le moment que tu as choisi en ton âme et conscience : alors c'est nécessairement le bon moment.

Par quoi veux-tu commencer ?

Moi : Je ne sais pas. Plus j'avance en compréhension d'un monde que je connaissais si peu il y a à peine deux ans et plus je me rends compte à quel point nous vivons (quand je dis « nous » c'est l'espèce humaine) dans des croyances erronées, que nous avons-nous-mêmes construites de toutes pièces.

L'Esprit : Il y a une chose vraie et une chose fausse dans ton affirmation.

La chose vraie est que ces croyances vous les avez créées de toutes pièces. Votre libre arbitre est de créer.

La chose fausse est que ces croyances ne sont pas erronées pour la bonne et simple raison que ce sont VOS croyances : tout ce que vous créez est VRAI pour vous. Cela veut dire qu'elles sont VRAIES relativement à vous-mêmes, bien qu'elles ne soient pas VRAIES dans l'absolu.

Moi : Le relatif, l'absolu bien sûr.

Mais si je reformule, ces croyances, bien que VRAIES relativement à nous-mêmes, nous enferment dans des dogmes et rituels, nous déconnectent de notre nature véritable et accentuent davantage le fossé de la division et de la séparation avec Dieu.

L'Esprit : Pour le coup, 100% vrai cette fois.

Il est évident que vos croyances (pas toutes mais en grand nombre) sont encore très largement fondées sur une croyance, une pensée-racine à l'origine de tout l' « ordre » que vous avez établi et qui est de croire fondamentalement en la division de ce qui Est.

Vous pensez être différents des autres, chacun pour ce qui vous concerne, car vous pensez être différents de Dieu.

Note-le bien car tout repose sur cela.

Je répète : VOUS PENSEZ ÊTRE DIFFERENTS DES AUTRES (VOS SEMBLABLES) CAR VOUS PENSEZ ÊTRE DIFFERENTS DE DIEU.

Lorsque la majorité d'entre vous et même la totalité (car vous aspirez tous à cela) comprendra que Dieu n'est pas un être perché sur un nuage, qu'il ne vous juge pas, qu'il ne vous punit pas, qu'il veut simplement votre plus grand bien, mais qu'en « conscience », ce bien, Dieu sait que seuls vous-mêmes pourrez vous l'apporter, alors votre monde changera du tout au tout.

Changer vos vieux schémas c'est casser une bonne fois pour toute l'ILLUSION DE SEPARATION qui est la plus grande illusion jamais engendrée par l'Humanité.

Il existe des peuples [dans d'autres dimensions], qui vivent dans l'Union et l'harmonie de TOUT CE QUI VIT.

Vous êtes un peuple qui doit encore le comprendre, qui doit « par choix » (en ce sens le mot « devoir » n'est pas le plus pertinent) comprendre que, pour son plus grand bien, il doit rejoindre ou en tout cas se rapprocher de l'UNITE divine qui est la Source de provenance de toute âme.

Moi : Merci l'Esprit pour ces rappels.

Comment fait-on alors pour y parvenir ? Je veux dire, comment rompre définitivement l'illusion de séparation ?

L'Esprit : Tu connais la réponse mon ami : par un changement de conscience.

Vous devez arrêter de suivre les schémas qui ne vous servent plus si votre objectif est de fusionner avec votre nature divine.

Moi : Quels sont ces schémas qui ne nous servent plus ?

L'Esprit : Tu le sais aussi et je sais que ton idée est de le rappeler à ceux qui le liront :

- LA PEUR,

- Elle-même entraînant la HAINE, LE JUGEMENT, LA JALOUSIE,

- L'idée de croire que vous avez BESOIN de choses, que vous MANQUEZ de tout,

- Que vous êtes SUPERIEURS aux autres,

- Votre SEPARATION d'avec tout ce qui vit.

Moi : Nous n'aurons pas le temps de traiter tous ces sujets dans le cadre de cette discussion.

L'Esprit : Nous les traiterons tôt ou tard.

Moi : Cela prendra des semaines, des mois.

L'Esprit : Nous le verrons ensemble, si tu le souhaites.

Moi : En attendant, peut-être un prochain livre, je souhaiterais inviter les lecteurs à lire *« Conversation avec Dieu, Communion avec Dieu »* de Neale Donald Walsch, qu'en penses-tu ?

L'Esprit : Je pense que c'est une excellente proposition et honnête de ta part car ces thèmes-là tu les as développés dans tes publications LVDM et il est vrai que le livre que tu viens de citer est une excellente base d'informations pour que vous compreniez les illusions de votre monde, le livre que tu préparais avant que tu ne décides de parler avec moi en était une aussi.

Moi : Pour moi, l'ILLUSION DE SEPARATION explique toutes les autres. C'est parce que nous nous pensons séparés de Dieu que nous avons engendré le besoin, le manque, la peur, la supériorité de l'Homme sur le reste de la vie (sur Terre en tout cas).

L'Esprit : Parfaitement. Vous vous croyez plus importants que la nature alors que vous êtes la nature.

Le divin pourvoit à tous vos besoins.

Encore une fois, vous n'avez rien à avoir, rien à posséder, ni les objets ni encore moins les autres êtres vivants.

Ce qui est UN ne peut se posséder lui-même.

Ce qui est UN EST.

On ne possède pas ce qui Est.

Ce qui Est ne peut qu'être.

Comprenez enfin qu'il n'y a pas de place à l'AVOIR dans le royaume de Dieu.

L'avoir est un OUTIL.

L'outil ne remplace pas ce qui EST.

Cela n'a jamais été le cas, cela n'est pas le cas actuellement et cela ne le sera jamais.

Seuls vous le croyez.

Moi : L'Esprit, revenons s'il te plaît aux religions.

Sont-elles toutes fondées sur l'illusion de séparation ?

L'Esprit : Pas toutes au sens où vous l'entendez mais la grande majorité oui. En réalité, elles le sont toutes à des niveaux différents.

Dans le monde de vos croyances quelles qu'elles soient *[ce n'est donc pas réservé qu'au thème des religions]*, CROIRE C'EST DEJA LIMITER CE QUI EST.

C'est donc déjà une forme de réduction de la réalité absolue des choses.

Il existe des religions qui ne sont pas autant séparatistes que ne peuvent l'être celles que vous connaissez actuellement.

Moi : Si tu cites des noms, on ne va pas se faire de copains.

L'Esprit : Tu as peur du jugement et des représailles ?

Tu le sais bien toi-même que je ne connais pas le jugement : mon but et le tien aussi est d'ouvrir les consciences.

Aucune religion n'est meilleure qu'une autre car aucune de vos croyances n'est meilleure qu'une autre.

Mon rôle est de vous amener à réfléchir par vous-mêmes.

Tu vois, même le terme « réflexion », propre à votre langue, n'est pas approprié.

Car en réalité je souhaite vous ramenés à votre conscience qui est celle de comprendre qu'il n'y a pas de Dieu séparé de vous.

Tant que vous croirez l'inverse, votre monde restera aligné tout entier sur cette croyance.

Vous continuerez alors de connaître des « guerres de religions », de vous croire indignes de Dieu, de tuer en son nom, de craindre son courroux, de croire que vous devez mériter votre place au paradis.

Mes enfants comprenez ceci : la paradis vous est grand ouvert et ce depuis toujours.

Il vous revient à vous et vous seuls d'en passer la porte.

Vous n'avez rien à faire ni rien à posséder pour vous retrouver dans le royaume de Dieu : vous y êtes depuis le départ.

Moi : Et ce départ n'existe pas.

L'Esprit : Parfaitement. Vous ÊTES le paradis créé par vous et pour vous. Comprenez-le. Le paradis est un « endroit » inconditionnel créé par votre conscience. Si pour vous le paradis est un endroit d'Amour, de bonheur et de paix (ce qu'est effectivement le royaume de Dieu), cet endroit s'est toujours trouvé au fin fond de votre cœur.

Moi : Merci l'Esprit pour ces rappels.

L'Esprit : Il n'existe aucune religion meilleure qu'une autre. Aucune religion ne vous permettra de me rejoindre. Car aucune religion ne vous expliquera ce que vous devez faire pour me rejoindre. Vous avez tous votre propre religion à créer pour vous-mêmes en ce sens que vous êtes les seuls (individuellement) à devoir « conscientiser » ce que vous devez faire (ou plutôt ce que vous devez être) pour comprendre que je suis avec vous depuis l'origine du monde, qui elle-même est une illusion. JE suis Vous, sans origine ni condition aucune à notre existence unifiée commune.

Moi : Dans « *Les lettres du Christ* », le Christ ascensionné Lui-même explique que la religion catholique est issue d'une déformation de son message né d'une incompréhension de ses apôtres (de « culture » judaïque), lesquels apôtres ont apporté le « message » à d'autres (qui ont écrit les évangiles), eux-mêmes ayant déformé le message originel…

Chacun des « messagers » que Dieu nous a envoyé n'avait absolument pas pour objectif de créer une nouvelle religion.

Dès qu'on en créé une, on est déjà dans la limitation.

Chacun des messagers, que ce soit Jésus, Mahomet, Bouddha et tant d'autres ont choisi de s'incarner pour porter à la lumière du jour la connaissance selon laquelle chaque être possède l'énergie de Dieu en lui et que Dieu n'est pas un être séparé de l'Homme ; qu'il est énergie pure d'Amour inconditionnel et que cette énergie est celle qui a insufflé la vie à chacune de nos consciences individualisées, expression magnifique d'Amour pure du créateur pour sa création.

L'Esprit : Ce message tu l'as compris en substance mon enfant.

Tu expliques très bien, avec tes mots à toi, la nature énergétique de Dieu dans « *Nous sommes éternels* ».

Je sais que ton souhait est de le faire comprendre à ceux qui te lisent.

Mais tu ne le peux pas. Et tu ne le DOIS pas.

Rappelle-toi l'enseignement du GUIDE DE LUMIERE au début de notre conversation.

C'est très certainement pour toi l'un des plus importants enseignements de ce dialogue.

Tu n'as rien à faire comprendre à qui que ce soit.

Tu as à éclairer par ta lumière, voilà pourquoi tu entretiens avec moi ce dialogue.

Tu te poses là, avec moi, comme phare, à qui voudra bien se placer sous ta lumière pour inonder le monde de la sienne.

Tel est ton rôle, tel est ton souhait et tel est la raison profonde de cette discussion avec moi.

Moi : Tu le sais mieux que moi.

L'Esprit : Je ne le sais ni mieux ni moins bien que toi.

Je le sais parce que JE SUIS toi.

Je connais toutes les raisons et tous les chemins qui t'ont conduit à me parler.

Je connais ce que tu penses, je connais ce que tu aimes, je connais ce que tu vibres.

Et ce que tu vibres en ce moment même se résume en quelques mots que je te pousse à dire, toujours en respectant qui tu es et ton libre arbitre de le faire.

Si tu le souhaites, prononce maintenant ces mots et tu pourras faire le choix libre et conscient de terminer ce dialogue d'aujourd'hui sur les religions.

Moi : Voici l'Esprit : IL N'A TOUJOURS EXISTE, N'EXISTE ET N'EXISTERA A JAMAIS QU'UNE SEULE ET UNIQUE RELIGION ET CETTE RELIGION C'EST L'AMOUR.

L'Esprit : Il n'y a rien d'autre à ajouter.

21/12/2024 :

Moi: Bonsoir l'Esprit.

L'Esprit : Bonsoir l'ami.

Moi : Il est un peu tard aujourd'hui mais je ressentais qu'il était important de te parler.

L'Esprit : Il est toujours important de me parler si cela est important pour toi.

Je te le répète : ma porte est toujours ouverte. Je communique avec toi par la conscience et cette communication est permanente, par Amour pour vous et pour toute ma création.

Moi : L'Esprit, je sens qu'il est important de revenir sur les manifestations de l'Amour ou plutôt ce que tu as appelé dans ce dialogue les différentes formes d'Amour car tes enseignements sont importants, je le sais et le sens et je voudrais continuer sur cette voie.

L'Esprit : Tu ressens bien et cette voie est en effet très importante car la compréhension par vous tous des formes d'Amour et la façon de les mettre en application est le chemin qui vous conduit à moi.

Moi : Merci l'Esprit.

Tu nous as expliqué d'abord qu'une forme d'Amour très simple à mettre en place au quotidien est la GRATITUDE. Tu nous as expliqué dans ce dialogue qu'exprimer sa reconnaissance à autrui est une façon de renvoyer à autrui l'Amour qu'il nous a porté. C'est une façon de ne pas rompre la chaîne de l'Amour en lui permettant de se perpétuer.

L'Esprit : Très juste.

Moi : Tu nous a aussi « appris » (ou plutôt rappelé) dans un merveilleux enseignement (suite à des phrases que j'ai reçues de toi la nuit) que la Vie est un gâteau qu'on doit PARTAGER avec les autres. Tu m'as dit que le partage est un DON DE SOI et qu'il est MULTIPLICATEUR d'Amour. J'ai trouvé cela formidablement bien expliqué.

L'Esprit : Je te remercie. Ce sont aussi tes mots mon ami.

Moi : En tout cas, il est important de comprendre qu'en partageant on donne un morceau de soi-même et ce morceau que l'on donne aux autres c'est un morceau de Toi, un morceau de divinité qu'on apporte aux autres pour les réunir dans cette divinité commune.

L'Esprit : Bravo, le message est bien intégré, je suis fier de ton évolution dans ton écoute de ma (notre) parole et surtout de la fluidité avec laquelle tu poses tes mots dans les analyser, en les « vibrant » tels qu'ils sont.

Moi : Merci l'Esprit, merci beaucoup.

Je souhaitais depuis ce matin (même si je n'en ai pas eu le temps) poursuivre sur l'explication des formes d'Amour afin d'injecter dans le quotidien de celles et ceux qui nous liront les clés d'une meilleure compréhension de Ce que Nous sommes vraiment, afin que chacun décide en conscience d'utiliser ou non ces clés.

L'Esprit : Tu te poses en guide de lumière sans forcer le choix des autres, en respectant leur libre arbitre. Cette leçon aussi est intégrée. Merci à toi.

Moi : Merci à toi l'Esprit de m'avoir « inculqué » et m'avoir permis de comprendre en conscience l'importance de ce message.

La vérité est que je souhaitais te parler aujourd'hui d'une autre forme d'Amour.

Mais les « synchronicités » que tu as mises devant mon visage aujourd'hui (désolé c'est pas très joliment dit mais ça a le mérite d'être parlant) m'ont conduites sans nul doute à évoquer une autre forme d'Amour très importante et à vrai dire fondamentale : LA TOLERANCE.

L'Esprit : Encore bravo, tu décèles les signes sans en douter.

Moi : Si tu me félicites à chaque fois…

L'Esprit : … on va croire que tu inventes le dialogue que tu as en ce moment même avec moi ?

L'humilité ne doit pas te faire sentir comme si tu étais indigne de me parler et « pire » comme si tu ne méritais pas mes félicitations.

Ecoute bien ceci : TU ES PARFAITEMENT DIGNE DE ME PARLER.

Vous l'êtes tous.

Dans mon Amour inconditionnel pour vous, j'ai placé toute ma confiance et mon absolu certitude quant à vos progrès en compréhension du divin, quant à l'évolution magnifique de conscience que vous connaîtrez tous bientôt. Il en va ainsi. Il en va de vos choix. Vous serez les premiers surpris. Vous saurez et comprendrez à quel point vous tous avez le pouvoir de construire un monde à votre image, un monde à MON image, le plus beau que vous puissiez imaginez, un monde qui dépasse votre imagination la plus fertile.

Ce monde est à votre portée, il n'y aura jamais aucun message de désespoir sortant de ma bouche.

Moi : Tu n'as pas de bouche.

L'Esprit : Alors sortant de ma conscience, et de ta bouche à travers ma conscience communiquant avec la tienne.

Moi : Merci l'Esprit.

Je ressens en ce moment même de l'énergie électrique qui parcours ma jambe gauche.

L'Esprit : Je le sais. Cette énergie est la tienne, la mienne. C'est ta connexion avec moi et avec la Vie qui circule en toi comme pour te rappeler que tu n'es jamais seul ; pour te rappeler que nous sommes tous avec et autour de toi pour porter ce message à ceux qui voudront bien l'entendre.

N'y vois aucune gloire ni aucune prétention et je sais mon Dieu oui que ce n'est pas ton cas.

Tu es si discret qu'il te coûte d'écrire tout ceci et c'est aussi la raison pour laquelle tu es la personne parfaite pour le faire.

Vous êtes tous PARFAITS.

Ce dialogue avec toi, depuis le départ, est la PERFECTION même mon enfant, si seulement tu pouvais t'en rendre compte. Tu t'en rendras compte un jour et crois-moi, ce jour arrivera sans que tu ne t'en rendes compte justement.

Ton rôle est si important. Vous êtes tous d'une importance capitale aux yeux de Dieu mes enfants, tous sans aucune exception.

Moi : Merci l'Esprit pour tout ton Amour.

L'Esprit : Merci mon protégé. L'Amour est ce que nous sommes. Il ne peut tout simplement pas en être autrement.

Moi : Je vois. Alors merci de nous permettre par ce dialogue, de nous rappeler que nous sommes cet Amour.

L'Esprit : Grâce à toi et tant d'autres pour le rappeler.

Moi : Pour en revenir au sujet de cette séance, j'ai évidemment compris que tu souhaitais évoquer la TOLERANCE donc je mets de côté l'autre forme d'Amour que je voulais évoquer avec toi.

Je fais le choix de parler de TOLERANCE puisque tu m'as d'abord envoyé cette vidéo d'une chanteuse arborant le drapeau LGBT et cette autre vidéo « spirituelle » dans laquelle une personne donnait la définition de la TOLERANCE et expliquait que le parcours des « vieilles âmes » est bien souvent de ne le comprendre que dans la deuxième partie de leur vie.

Je te laisse en dire plus l'Esprit, si tu le veux bien.

L'Esprit : En effet, ces synchronicités étaient grosses comme des maisons, tu ne pouvais les ignorer.

La première vidéo t'as fait ressentir à quel point la tolérance amenait le bonheur. C'est un sentiment merveilleux de rapprochement des « peuples ». C'est une forme d'Amour magnifique qui permet à chacun d'avoir une meilleure compréhension et surtout un meilleur ressenti de ce qu'est l'UNITE.

La seconde t'était dédiée plus spécifiquement mais pas qu'à toi. Vous avez en effet tendance (vous les « veilles âmes » comme vous vous appelez) à ne comprendre que tardivement ce qu'est vraiment la tolérance.

Lors de la première partie de votre vie, vos expériences d'âmes sont tellement ancrées en vous au fil des centaines de situations connues lors de vos vies « passées » (nous devrions dire « parallèles ») que vous rejetez en bloc tout ce qui n'est pas TOLERANCE.

Ce faisant, comprenez-vous véritablement ce que TOLERANCE veut dire ?

Bien entendu, TOLERER ne veut pas dire « être d'accord avec » mais accepter la position, le comportement ou la croyance de l'autre.

Tu l'as ressenti toi-même, tout est dans le mot « ACCEPTATION ».

Celui ou celle qui ACCEPTE n'est pas d'ACCORD avec l'autre : il ou elle ACCEPTE l'autre.

Comprends-tu que la différence est fondamentale ?

Moi : Je le comprends l'Esprit.

L'Esprit : Alors poursuivons.

Vos expériences d'âmes pour ceux que vous qualifiez sur Terre de « vieilles âmes » ont, du fait de vos multiples vies, enraciné en vous ce rejet de l'intolérance mais comprenez-vous qu'en rejetant l'INTOLERANCE vous rejetez le concept même de TOLERANCE pour lequel vous vous « battiez » ?

Moi : Mon Dieu l'Esprit, oui c'est vrai, quelle ironie en effet…

L'Esprit : Vous ne pouvez « combattre » une pensée négative par une autre pensée négative.

Tu le sais parfaitement et tu en parles longuement et très justement dans tes publications et ouvrage.

Combattre le feu par le feu, c'est allumer davantage le feu qu'on a cherché à combattre.

Il en va de même pour la tolérance.

On ne peut obtenir la TOLERANCE en rejetant l'INTOLERANCE.

Si vous faites ceci, vous ne créez au final que plus d'INTOLERANCE car vous ne donnez pas les moyens à ceux que vous « guidez par votre lumière » de comprendre qu'ils ont le choix de devenir plus tolérants, tu me suis ?

Moi : Parfaitement l'Esprit.

L'Esprit : Pour que quelqu'un d'INTOLERANT puisse faire le choix conscient de devenir TOLERANT, vous devez lui « montrer la voie », c'est-à-dire lui montrer qu'un autre choix, une autre voie que l'INTOLERANCE, existe et que cette voie c'est la TOLERANCE. Si vous rejetez son INTOLERANCE, vous combattrez son énergie avec la même énergie qui lui a servi à être intolérant. Vois-tu, ce serait insensé.

Moi : Je comprends parfaitement l'Esprit. Rejeter l'intolérance est une forme d'intolérance.

L'Esprit : Parfaitement.

Vois l'ironie dans tous vos comportements humains.

Vous avez une fâcheuse tendance à scier la branche sur laquelle vous êtes assis.

Pour la même raison vous détruisez la nature, nature elle-même qui vous a donné vie.

Mais c'est un autre sujet.

Moi : Merci l'Esprit, tout est beaucoup plus clair.

Si nous sommes véritablement tolérants et que nous décidons donc de l'être par choix conscient, nous devons montrer l'exemple et donc montrer la voie en « guides de lumière » que nous sommes.

L'Esprit : Tu peux enlever les guillemets à guides de lumière. C'est bien ce que vous êtes.

Moi : Quoi qu'il en soit, cette voie consiste à être tolérants y compris et SURTOUT envers ceux qui ne le sont pas. Car ce sont eux qui ont besoin de notre lumière pour apprendre à devenir TOLÉRANTS à leur tour.

L'Esprit : Parfaitement mon enfant.

Tout ceci est le même dialogue en boucle, vois-tu. Pour la même raison, lorsque vous diffusez l'Amour, il est important d'aider ceux qui sont sur un même « niveau » d'Amour que vous. Mais il est tout aussi important sinon plus (en effet) de diffuser de l'Amour envers ceux qui ne sont pas dans l'Amour ou qui ne savent pas comment Le diffuser. Car ce sont « eux » que je souhaite ramener également à Moi.

Vois-tu mon enfant : je souhaite TOUS vous ramener à moi. Et je sais qu'il en sera ainsi. Mais la « temporalité » seuls vous la maîtrisez. Vous devez faire le choix conscient de revenir à MOI.

Je vous aime d'un Amour infini, d'un Amour si grand qu'il ne sera jamais question pour moi de forcer ce choix.

Quel Dieu cela ferait de moi ? Quelle présence divine serais-je envers vous ?

Moi : Je croyais parler à ma Conscience supérieure…

L'Esprit : Ne limite pas ta perception par des choix de vocabulaire. Je suis ta Conscience unifiée dans le Grand Tout. Peu importe le nom que tu me donnes.

L'Esprit me va bien.

Moi : Gardons l'Esprit si tu aimes ^^.

L'Esprit, je te remercie. Bien sûr tout est clair : si j'accepte ce rôle de guide que j'ai moi-même choisi, si j'accepte de guider en éclairant le chemin sans choisir « à la place », ce rôle implique d'éclairer le chemin de tous sans exception, et encore plus celui de ceux qui semblent s'être « égarés » sur leur chemin.

L'Esprit : C'est cela mon enfant, tu commences à comprendre.

Si quelqu'un manque d'Amour, donne-lui cet Amour.

Si quelqu'un te semble INTOLERANT, inonde-le de tolérance. Montre-lui qu'il peut choisir cette voie, qu'il « suffit » qu'il le choisisse.

Si quelqu'un te paraît VIOLENT, montre-lui le chemin de l'Amour, montre lui le respect, la douceur et l'harmonie entre tous les êtres.

Moi : Nous ne pouvons pas sauver le monde.

L'Esprit : Certes, vous ne le pouvez pas. Et ce n'a jamais été votre rôle.

Rappelle-toi, tu es un ECLAIREUR, contente-toi d'éclairer. Tu es là pour ECLAIRER.

Tu ECLAIRES les autres mais ce sont aux autres de se SAUVER eux-mêmes.

C'est ce que je fais avec vous, je ne vous sauve pas malgré vous, je vous sauve si votre consentement libre et éclaire est de vous sauver vous-mêmes.

Et comment je vous sauve d'après toi ?

En vous inondant d'Amour et de lumière jusqu'à ce que vous en soyez si remplis que vous compreniez que vous êtes les seuls à pouvoir faire le choix conscient de vous sauver vous-mêmes en saisissant la main aimante que je vous tends depuis la nuit des temps.

Moi : Merci l'Esprit.

J'aimerais tant que chacun puisse être imprégné en conscience de la beauté de tes paroles.

L'Esprit : Ils le seront mon enfant. Et je compte sur toi et sur vous tous pour m'aider, si vous en faites le choix. Ce choix tu l'as fait il y a déjà bien « longtemps ».

Moi : Je me sens déjà plus sage avec tout ce que tu me dis. Je ferai l'effort d'écouter l'intolérance et de ne pas rejetez ce qui m'agace mais au contraire d'être bienveillant et aimant pour que l'intolérance soit transmuté en tolérance.

L'Esprit : Si tu fais ce que tu dis car tu es ce que tu fais, alors tu m'aideras considérablement dans mon souhait le plus sincère et le plus profond de vous ramener tous à moi.

Comprends-tu désormais l'importance de la TOLERANCE ?

Derrière la TOLERANCE se cache l'Amour inconditionnel de tous envers tous.

C'est la marque de ma présence en vous.

Moi : Merci l'Esprit. Et je comprends mieux pourquoi tu m'adressais cette leçon en particulier. Mon fils le disait lui-même en contact : « *Mon Papa parfois il est révolté* ». Je ne suis pas révolté contre les gens bien sûr mais contre les comportements : l'intolérance, la jalousie, la haine de l'autre.

L'Esprit : Et tu comprends mieux désormais que ce que tu rejettes tu l'attires. Cela est valable aussi pour l'intolérance. Pour amener la tolérance dans votre monde, soyez tolérants envers ceux qui ne le sont pas.

Moi : Merci l'Esprit. Cette leçon servira à tous ceux qui la liront avec attention, je n'en ai pas le moindre doute.

L'Esprit : Tu ne dois pas en avoir en effet, je n'en ai jamais eu moi-même sur ta capacité à éclairer de ta lumière, ni toi ni aucun d'entre vous mes enfants.

Moi : Merci, je t'aime l'Esprit.

L'Esprit : Je vous aime tous, d'un Amour INFINI.

Séance 17 – La compassion

22/12/2024 :

Moi: Salut l'Esprit.

Je te remercie d'abord pour le dialogue d'hier sur la tolérance.

Merci pour cet enseignement, vraiment.

L'Esprit : Bonjour l'ami. Cet enseignement était important en effet et je suis ravi qu'il ait éveillé en toi une nouvelle compréhension de la TOLERANCE.

Vois-tu, ce dialogue a pour objectif d'élargir votre point de vue sur des notions que vous pensez acquises alors que vous les limiter. Certes votre point de vue sera toujours limité à votre compréhension des choses, mais en l'élargissant, vous élargissez votre conscience.

Moi : Justement l'Esprit, je souhaiterais que nous évoquions ensemble une autre forme d'Amour qu'est la « COMPASSION». Je souhaiterais être le vecteur, à travers ta voix, d'une meilleure compréhension de la divine essence de ce que recouvre le mot « COMPASSION ».

L'Esprit : C'est en effet une magnifique manifestation d'Amour dans votre monde et sans doute aussi une des plus difficiles.

Nous avons commencé par la gratitude puis le partage puis la tolérance, en allant crescendo.

Voyons maintenant pourquoi la compassion est encore difficile à mettre en pratique dans votre dimension.

Moi : Ok l'Esprit, bien sûr je t'écoute, je suis suspendu à tes lèvres comme on dit.

L'Esprit : Comme tu le sais, c'est en tout cas la définition de votre dictionnaire : ressentir de la compassion pour quelqu'un, c'est apprendre à se mettre à la place de cette personne afin de partager la souffrance qu'elle peut ressentir, « comme si » cette souffrance était tienne.

Moi : Tu as dit « comme si » car la souffrance de l'autre est nôtre n'est-ce pas ?

L'Esprit : Bravo tu as ciblé le point « critique ». La souffrance de l'autre est en réalité vôtre dans un monde unifié, dans le monde de l'absolu auquel vos âmes appartiennent par essence.

Mais dans votre monde dual, très peu de personnes en réalité se mettent véritablement à la place de l'autre.

Beaucoup le croient, peu le font vraiment.

Moi : Ok l'Esprit, ça je veux bien te croire.

Mais peux-tu s'il te plaît expliquer pourquoi ?

L'Esprit : Je ne vais pas expliquer pourquoi mais comment. Car pourquoi tu le sais : vous ne vous connaissez pas vraiment, vous pensez être indépendants de tout alors que vous êtes liés à tout. Ainsi, ce n'est que parce que vous ne comprenez pas ce qu'est vraiment l'Unité que vous ne pouvez comprendre parfaitement ce qu'est la compassion. La compassion c'est partager la douleur de l'autre, la comprendre car cette douleur est celle de tous.

Ne croyez pas que parce que vous allez bien le reste ne vous affectera pas. Vous êtes tous affectés par les énergies de vos semblables, tôt ou tard et à plusieurs niveaux.

Si la souffrance des autres vous indiffère, vous finirez pourtant par la connaître tôt ou tard, que vous le croyez ou non.

La douleur des autres crée comme des trous dans la conscience collective : vous récoltez alors le monde qui vous ressemble.

Au contraire, si vous arrivez à comprendre que ce qui affecte les autres finira pas vous affecter vous-mêmes, vous mettriez tout en place pour transmuter la souffrance en Amour.

Et pour pouvoir entreprendre un tel projet, encore faut-il comprendre la souffrance des autres, son origine, ses manifestations.

Et ceci, vous ne pourrez véritablement le comprendre sans vous mettre à la place de l'autre, l'autre n'étant au final qu'une version différente de vous-mêmes.

Moi : Très bien l'Esprit, mais cela me paraît difficile à mettre en œuvre. Si je pense avoir compris pourquoi, comment alors se mettre à la place de l'autre ? Et si nous parvenons à le faire, comment arriver à aider l'autre à sortir de sa souffrance ?

L'Esprit : Voilà deux questions qui tombent à pic.

La réponse à la première est très simple : vous n'avez rien à faire pour vous mettre à la place de l'autre. Vous avez simplement à être vous-mêmes ; quand je dis vous-mêmes c'est les êtres d'Amour que vous êtes. En étant bienveillant avec celui qui souffre, en essayant de comprendre son mal, vous vous positionnerez dans une intention d'Amour. La magie de l'opération est la suivante : ce n'est que lorsque l'autre percevra votre intention d'Amour qu'il vous « autorisera » à ressentir ce qu'il ressent. Ne croyez pas que le rapport entre l'être qui souffre et celui qui cherche à l'aider est unilatéral. Rien n'est unilatéral, ni dans votre monde, ni dans d'autres. Tout est échange d'énergies et en l'occurrence quelle énergie souhaitez-vous montrer à celui qui souffre ?

Si l'indifférence est votre énergie, rien ne sera résolu, ni pour vous, ni pour celui qui souffre : vous serez tous les deux hermétiques à l'Amour.

Si l'Amour est l'énergie que vous apportez à celui qui souffre, celui qui souffre vous ouvrira son cœur. Car on ne peut ouvrir son cœur que si l'on ressent la sécurité liée à l'Amour en provenance de celui qui cherche à nous aider. C'est en vous ouvrant son cœur que celui qui souffre vous permettra d'ouvrir le vôtre.

Les portes de vos deux cœurs étant alors ouvertes, s'opérera le flux, le transfert de cet Amour qui par un échange de conscience à conscience vous permettra de « vous mettre à la place » de celui qui souffre.

En définitive, je voudrais que vous compreniez ceci : LA COMPASSION NE PEUT ÊTRE VERITABLEMENT COMPRISE PAR VOUS TOUS QUE SI VOUS METTEZ VOS CŒURS EN CONDITION DE LE COMPRENDRE. ET POUR METTRE VOS CŒURS EN CONDITION DE LE COMPRENDRE, POUR DEVEZ ÊTRE L'ENERGIE QUI IMPULSE LE DON D'AMOUR. VOUS DEVEZ APPORTER LA SECURITE DE L'AMOUR A CELUI QUI SOUFFRE POUR QUE CE DERNIER VOUS DONNE LUI-MÊME ACCES A LA PORTE DE SON CŒUR. DES LORS QUE LA

PORTE DE CHACUN DES CŒURS A L'ŒUVRE DANS CETTE ENTREPRISE SERA OUVERTE, VOS CONSCIENCES FERONT LE RESTE CAR ELLES NE SERONT GUIDEES PLUS QUE PAR L'AMOUR.

Moi : Merci l'Esprit. C'est magnifique et je te remercie encore une fois pour ce nouvel enseignement qui explique très clairement (pour moi en tout cas) comment accéder au cœur de l'autre pour « partager sa peine » dans la compassion.

L'Esprit : Au-delà de partager la peine, l'intention d'Amour de celui qui est dans la compassion va jusqu'à la volonté pure et sincère de transmuter la souffrance en Amour.

C'est la deuxième partie de ta question.

Après avoir expliqué « comment ressentir de la compassion », nous arrivons donc à « comment transmuter la souffrance par l'Amour ».

Car vois-tu, votre définition de la compassion (dans vos dictionnaires humains) est incomplète. Vous pensez qu'il suffit de se mettre à la place de l'autre. Certes c'est important et en utilisant la métaphore de l'ouverture des cœurs je vous explique comment. Mais cette définition reste imparfaite. Et elle est imparfaite car vous n'avez (pour la plupart) jamais atteint le stade 2. Et cela est normal. Comment auriez-vous pu atteindre le stade 2 sans comprendre parfaitement ce qu'est le stade 1, ce qu'est « être en compassion », « être compatissant ».

Moi : Je te remercie l'Esprit. Admettons alors que le stade 1 ait été franchi et que l'ouverture des cœurs de la personne en peine et de la personne compatissante ait permis d'opérer se flux d'échange d'Amour par l'ouverture des cœurs de chacun des protagonistes en cause, avec pour déclic la mise en confiance/sécurité de la personne ayant ouvert son cœur à celle qui a exprimé le souhait sincère de l'aider.

Comment concrètement l'aider une fois cet échange établi ?

L'Esprit : En laissant faire l'Amour.

Moi : En laissant faire l'Amour ?

L'Esprit : Oui, en laissant faire l'Amour.

Moi : Ce n'est pas très clair pour moi l'Esprit, peux-tu développer ?

L'Esprit : Le stade (ou étape 1) vous permet en réalité de vous CONNECTER à l'autre, de façon véritable et sincère, de cœur à cœur et donc d'âme à âme.

Que croyez-vous qu'il se passera ensuite ?

Moi : Je l'ignore l'Esprit, que se passera-t-il ensuite ?, c'est ma question…

L'Esprit : L'Amour opérera par Lui-même.

Si votre connexion avec l'autre est sincère, elle rapprochera vos deux consciences. Les consciences se parleront un langage qui n'est pas un langage parlé. Elle se synchroniseront en créant un rapport instinctif, ou plutôt intuitif, d'âme à âme.

Vois-tu je ne peux répondre à ta question par des mots. Et même si je le pouvais, il existerait mille et une situations qui impliqueraient elles-mêmes mille et un échanges différents d'âme à âme.

Néanmoins, je vais te donner des exemples pour que tu comprennes et pour que chacun puisse comprendre avec toi.

Exemple 1 : Si une personne subit une peine de cœur, une peine de cœur immense car son partenaire l'a quittée et que cette personne ne parvient pas à s'en remettre car elle ne voit pas sa vie sans celui/celles qui est parti(e). Admettons que tu aies franchi le stade 1 et que par ton Amour, cette personne t'ait donné accès à son cœur. Ton cœur à toi saura comment agir car il percevra en conscience (même si cela ne te semblera pas conscient ou presque « automatique ») les « besoins » de la personne qui t'a ouvert son cœur. Dans certains cas, cette personne aura seulement besoin d'écoute. Dans d'autres, elle aura besoin de réconfort, d'accompagnement, d'Amour de ta part pour que tu lui montres, toujours en guide de lumière que tu es, que sa vie est loin d'être finie sans la personne qui l'a quittée. Les méthodes concrètes pour aider cette personne te seront intuitivement données par moi-même si la connexion que tu as eue avec cette personne au stade 1 était pourvue d'une intention d'Amour véritable.

Si tu ne sais pas comment agir, interroge l'Amour : demande-toi ce que l'Amour ferait dans cette situation.

En général, et sous réserve que l'ouverture de cœur évoquée ci-dessus se soit faite en intention d'Amour pur, tu n'auras pas à te poser la question : tu sauras quoi faire car l'Amour qui t'aura permis de réaliser cette connexion au cœur de l'autre sait toujours quoi faire.

Et je serai toujours avec toi pour te le dire, par une méthode de communication ou une autre. Et n'oublie pas, je communiquerai avec toi par les sentiments, bien plus que par les mots.

Moi : D'accord l'Esprit, merci d'avoir essayé d'être le plus clair possible malgré la limite des mots de notre langage.

Tu as parlé de plusieurs exemples ?

L'Esprit : Je t'en donne alors un second. Ce second exemple est différent du premier et vise à vous faire comprendre que la compassion ne naît pas de la souffrance. Elle naît toujours de l'Amour. C'est l'Amour qui vous donne la force d'être un guide pour aider l'autre à transmuter sa souffrance en Amour.

Et l'Amour a justement tant de facettes possibles. Ce second exemple concerne le COURAGE.

Moi : le Courage ?

L'Esprit : Oui, je t'explique.

La compassion peut naître dans vos cœurs dans l'observation du courage des autres et particulièrement du courage qu'on les autres à essayer de s'en sortir alors que leurs conditions d'existence sont bien moins favorables que vous. Prenez l'exemple d'une mère de famille que vous connaissez et qui peine à réunir suffisamment chaque mois pour nourrir ses enfants, qui compte le moindre sou et qui malgré l'adversité court chaque jour pour regagner son travail, arriver à temps pour aller chercher ses enfants à l'école, et recommence jour après jour dans ce cycle avec pour seul idée en tête d'offrir à sa famille un peu de dignité. Le tempérament de cette mère ne provoquerait-il pas en vous une forme d'admiration ? L'admiration de son courage ?

Moi : Oui l'Esprit, évidemment, bien sûr.

L'Esprit : Ce courage que vous percevez chez cette mère est la conséquence de l'Amour qu'elle porte à sa famille. Cet Amour arrive, comme une flux de conscience, directement à votre cœur.

Si vous êtes « touchés » par la démarche de cette mère et que vous lui offrez spontanément votre aide (quelle qu'elle soit : garder ses enfants de temps en temps, l'aider matériellement, lui offrir de quoi manger …), cette mère a de grandes chances de vous ouvrir la porte de son cœur si elle perçoit une démarche sincère de votre part. Le stade 1 sera franchi et le stade 2 sera mis en place « automatiquement » du fait de la connexion entre vos deux consciences. En clair, l'Amour saura quoi faire.

Mon objectif avec ce second exemple est que vous compreniez que celui qui est en compassion est l'IMPULSEUR de la connexion mais que l'Amour est « avant » tout cela la seule chose qui soit à l'origine de tout.

Dans ce second exemple, c'est le courage de la mère qui a créé cette admiration et ce déclic chez vous pour vous permettre, en conscience, de franchir les stades 1 et 2.

Dans le premier exemple, c'est le désarroi d'une personne esseulée qui par Amour, a suscité chez vous la noble intention de vouloir « combler » le manque d'Amour dont elle semblait faire preuve.

Je ne vous apprends rien donc au final en vous disant que c'est l'Amour qui est toujours à l'origine de la compassion. Ce n'est pas surprenant puisque la compassion est une manifestation d'Amour. L'Amour en est donc la cause. Ce même Amour est la conséquence de lui-même : c'est parce que vous avez ressenti de l'Amour, que par Amour, vous avez voulu aider la personne afin de combler un manque d'Amour par de l'Amour.

Moi : Merci l'Esprit.

Je comprends mieux pourquoi tu gardais la compassion pour plus tard. Le mécanisme est assez complexe.

L'Esprit : Ce n'est pas un mécanisme mon enfant.

Encore une fois, il n'y a rien à comprendre.

La cause est Amour, l'événement [ressentir de la compassion] est Amour et la conséquence de l'événement est également Amour.

Es-tu surpris ?

Moi : Pas tant que ça en effet.

L'Esprit : Alors vois comme la compassion est naturelle en réalité puisque votre nature même est Amour.

Pour être concret avec vous (car c'est ce que vous souhaitez), retenez surtout de cette leçon que la compassion implique une ouverture de cœur entre deux êtres, c'est primordial. Si la personne qui souffre ne vous ouvre pas la porte de son cœur, vous serez bloqués par son libre arbitre et vous ne pourrez pas l'aider.

Moi : Et pour qu'elle nous ouvre la porte de son cœur, nous devons lui ouvrir le nôtre, en émettant en direction de cette personne un flux, une intention sincère et véritable d'Amour.

L'Esprit : Tu sembles avoir compris la leçon.

Moi : Je semble.

L'Esprit : Tu l'as parfaitement comprise en théorie.

Il te revient, par libre choix, de décider de la mettre en pratique.

Séance 18 – Le pardon

23/12/2024 :

Moi: Salut l'Esprit.

J'ai le front qui brûle depuis quelques minutes.

Est-ce que c'est toi ?

L'Esprit : C'est moi et d'autres.

Tu « télécharges » comme vous dites. C'est une façon pour nous de faire passer des informations en toi et de te réénergiser aussi.

Moi : Très bien, merci. J'ai des difficultés à comprendre tout cela encore.

L'Esprit : Cela deviendra plus facile avec le temps, ne cherche pas à aller trop vite et à tout comprendre, il y a des choses, comme je te l'ai dit, qui échappent pour l'instant à ton niveau de compréhension.

L'essentiel est que tu comprennes que tu es Amour et que ton dialogue avec moi est motivé par la plus noble des raisons : transmettre le savoir et l'Amour. Ca tu l'as compris depuis déjà bien longtemps et c'est essentiel.

Moi : Merci l'Esprit.

Je ne cherche pas à tout comprendre.

Cela est difficile pour moi.

L'Esprit : Je le sais bien mon enfant. Mais sois patient. Vois la perfection dans ton chemin, dans Tout ce qui Est. Je te promets que tu le comprendras un jour.

Moi : Mon échange avec toi, aujourd'hui, à cet instant précis, est PARFAIT et cela me va. Rien de plus, rien de moins.

L'Esprit : Parfaitement ! Merci pour tes mots.

Moi : Ce sont les tiens en moi.

L'Esprit : Naturellement.

Moi : L'Esprit, ce dialogue s'oriente désormais sur les manifestations et les formes d'Amour.

L'Esprit : Il ne s'oriente pas, il en a toujours été ainsi.

Moi : Mon souhait est de l'expliquer davantage à travers toi, avec une volonté sincère que chacun comprenne et puisse évoluer en conscience.

L'Esprit : C'est ce qui fait de toi un noble messager.

Moi : Merci l'Esprit. Je voudrais alors parler aujourd'hui du PARDON.

L'Esprit : Nous le savions tous les deux. C'est ce dont on va parler aujourd'hui en effet.

Moi : Après avoir vu la GRATITUDE, le PARTAGE, la TOLERANCE, la COMPASSION, j'aimerais avec toi mettre l'accent sur cette magnifique forme d'Amour qu'est le PARDON.

L'Esprit : Magnifique est peu de le dire mon enfant.

Le pardon est certainement l'une des formes d'Amour les plus difficiles à exprimer dans votre monde mais c'est aussi certainement la plus grandiose.

Le pardon est la marque de Dieu en vous.

Qui sait pardonner peut tout en ce bas monde.

Moi : Merci l'Esprit. Pour moi, il existe bien sûr deux niveaux ou plutôt deux volets dans le pardon : il y a celui qui pardonne mais il y avant lui/elle celui qui demande le pardon.

L'Esprit : Parfaitement mon ami.

Intéressons-nous au premier : il en faut du COURAGE pour demander PARDON.

Celui qui a commis une « erreur » et qui demande à celui à qui il a causé du tort de le pardonner a en lui un immense COURAGE.

Et je t'ai dit que le COURAGE est déjà une magnifique preuve d'Amour.

Lorsque l'on a causé tant de « mal » à autrui, demander PARDON est certainement l'acte le plus difficile à faire. Car celui qui le fait sait pertinemment que se dresseront devant lui toutes les critiques et parfois violences de ceux qui ont subi le tort et avec lui également ceux qui ne l'ont pas subi.

Moi : Tu veux dire que dans nos sociétés, nous aimons blâmer ceux qui font le « mal », même si nous ne sommes pas directement visés par ce « mal ».

L'Esprit : Je veux dire que dans vos « sociétés » comme tu dis, vous croyez encore que le mal justifie le mal. Vous ignorez encore beaucoup trop que le mal n'amène que le mal.

Moi : Vous voyez les choses sous un angle détaché. Dans l'illusion, Cher Esprit, les travers humains s'expriment dans toute leur grandeur, malheureusement.

L'Esprit : C'est pourquoi cet enseignement, qui au fond ne rajoute rien de nouveau, permet pourtant, avec ton aide, de modifier votre angle de vue.

Et rappelle-toi…

Moi : … De notre angle de vue (perception) dépend notre croyance, de notre croyance dépend notre réalité.

L'Esprit : Parfaitement.

Oubliez-vos concepts du bien et du mal. Je sais, c'est difficile à faire pour vous. Pensez comme si vous étiez l'Amour, l'Amour pur, car c'est ce que vous êtes.

Que ferait l'Amour en face de quelqu'un qui a le courage de demander pardon, quelle que soit l' « horreur » qu'il ait commise selon vos mots ?

Moi : L'Amour trouverait que ce courage est une forme d'Amour, qu'il contient les prémices d'une volonté sincère de repentir ; que cette volonté de repentir est le premier pas de celui qui demande pardon vers la lumière de l'Amour.

L'Esprit : Oui mon ami. Tu le ressens en toi-même.

Et tu sais parfaitement que ceux qui ont le plus besoin d'Amour sont ceux qui en donnent le moins. Cela est difficile à comprendre dans votre monde dual mais cela fonctionne pourtant ainsi. Repense au « guide de lumière ». Votre lumière guide : c'est à vous de montrer à ceux qui sont dans l'ombre qu'une autre voie est possible : cette voie est celle de l'Amour bien entendu.

Alors, si celui qui vous demande pardon fait preuve d'énormément de courage, il vous en faudra aussi du courage pour, au nom de l'Amour, avoir le courage de le pardonner.

Moi : Merci l'Esprit et je rajoute ceci : Pardonner ne veut pas dire oublier et encore moins être d'accord ou valider un comportement ou un propos. Pardonner c'est comprendre que le mal ronge. Il ronge tout autant celui qui demande le pardon que celui qui refuse de pardonner, et peut-être davantage même le second.

L'Esprit : C'est vrai mon enfant.

Pourquoi d'après-toi ?

Moi : Car l'Amour est Liberté.

En pardonnant, celui qui accepte le pardon ne se contente pas de LIBERER celui qui le demande, il se LIBERE lui-même d'avoir appris à pardonner.

L'Esprit : Tout ce que tu dis est parfait. L'Amour parlerait ainsi : celui qui accepte le pardon libère par l'Amour celui que le demande et se libère lui-même par la même occasion, en effet.

Voyez combien le pardon est libérateur.

Il est l'expression de l'Amour inconditionnel de Dieu en vous.

Il est la compréhension ultime de l'Unité de la Vie. Car vous n'êtes pas différents de celui à qui vous donner votre pardon. Chaque personne est une version différente de vous-même. Ce que la personne a fait et qui a suscité chez elle, par prise de conscience, la volonté de demander pardon, vous l'avez fait vous-même un jour : ici, maintenant ou dans d'autres vies, peu importe.

Moi : Il n'existe qu'ici et maintenant.

L'Esprit : En effet, il n'existe qu'ici et maintenant.

Si vous ne parvenez pas à accorder votre pardon, vous vous ferez souffrir vous-mêmes de ne pas avoir su l'accorder. Il n'existe aucune libération d'un « mal » qui ne puisse avoir pour origine l'Amour. Cette version de l'Amour [que constitue le pardon] est ici de comprendre que pour se libérer de ce mal il faut envoyer de l'Amour. Pardonner c'est envoyer de l'Amour. Cet Amour est d'autant plus « inconditionnel » que vous l'adressez à une personne qui vous a fait énormément souffrir.

Mais lorsque vous comprendrez que, quel que soit le niveau de souffrance (et je dis bien quel que soit le niveau de souffrance), il n'y a que l'Amour qui permette de guérir, vous ferez le choix conscient, tous autant que vous êtes, d'accorder votre pardon à celui qui le demande. Vous saurez qu'en le libérant de sa souffrance, vous vous libérerez vous-même de la vôtre.

Moi : Merci l'Esprit. Je comprends ce que tu dis et je suis d'accord mais tu seras aussi d'accord avec le fait de constater que nous n'en sommes malheureusement pas à ce stade d'évolution.

Comment pardonner à ceux qui tuent, comment pardonner les guerres, les horreurs... ?

L'Esprit : Tu soulèves là une problématique concrète et je t'en remercie. L'illusion est si forte qu'elle vous empêche de franchir le cap du pardon. Mais vous avez la capacité de le faire. N'oubliez jamais que vous êtes des Dieux. Des Dieux CHOISISSENT. Vous êtes capables du meilleur comme du pire, tu l'a déjà dit toi-même. Et pourquoi ne feriez-vous par le choix conscient de choisir le meilleur ?

Je vais te faire une confidence : Le MEILLEUR vous l'avez déjà choisi mon enfant.

Ce que je viens de te dire ne parlera pas à tous mais vous le comprendrez un jour.

Je sais que vous avez déjà choisi le MEILLEUR. Seuls vous l'ignorez.

Et sais-tu pourquoi je le sais ?

Moi : Car nous sommes Amour et du fait de notre nature même, nous finirons toujours par le comprendre ?

L'Esprit : C'est en effet une partie de la réponse.

Moi : Une partie ?

L'Esprit : Vous êtes Amour, qui est Amour pardonne car le pardon est Amour pur pour tout ce qui vit. La deuxième partie de ta phrase est fausse.

Moi : Comprendre : c'est le comprendre qui ne va pas ?

L'Esprit : Oui. Qui aime pardonne. Vous êtes Amour donc vous finirez par apprendre la leçon du pardon, dans cette vie ou dans une autre. Vous le verrez sous tant d'angles possibles que le pardon n'aura plus de secret pour vous. Lorsque vous aurez intégré le fait que le pardon est Amour pur, vous le saurez sans le comprendre. Votre essence même d'Amour vous dirigera naturellement vers cela.

Vois-tu, c'est pour cela que je te dis que le MEILLEUR vous l'avez déjà choisi.

Vous êtes ici-bas pour valider ce choix, le confirmer par la pratique.

Vos âmes savent qu'elles sont AMOUR et que donc elles sont GRATITUDE, elles sont PARTAGE, elles sont TOLERANCE, elles sont PARDON.

Elles sont là pour en faire l'expérience.

Il n'y a pas plus magnifique expérience que PARDONNER alors que tout dans la dualité a mis en place les conditions les plus favorables à l'expression de la haine et de la Peur.

Lorsque vous êtes entourés de violence, de jalousie, de haine, de souffrance, de peur et que vous faites malgré ce le choix de l'Amour, vous êtes l'expression la plus divine de ce qu'est la lumière.

Vous retrouvez votre état originel de pure énergie d'Amour. Cette énergie n'est que lumière et elle remplit tout.

Moi : Je te remercie l'Esprit. Je pense que plusieurs auteurs ont largement développé le pardon, je souhaitais ici l'exprimer sans l'expliquer nécessairement avec des mots compliqués. Je voulais que chacun ressente ce que peut représenter pour lui le pardon. Je voulais que chacun le comprenne personnellement, en le ressentant plus qu'en l'expliquant.

L'Esprit : J'ai compris ta démarche.

Je t'y ai aidé par mes mots.

A chacun de le ressentir.

Tu n'es là que pour le dire.

Tu n'es là que pour éclairer. Et c'est déjà beaucoup. Mais c'est parfait.

Séance 19 – La mélancolie du monde de lumière

24/12/2024 :

Moi: Salut l'Esprit.

Je sais que notre conversation pour ce livre touche bientôt à sa fin, je l'ai ressenti et toi aussi, et tu me l'as validé par de nouvelles synchronicités, je t'en remercie d'ailleurs.

L'Esprit : Bonjour mon enfant.

En effet, non pas que nous n'avons plus rien à nous dire car tu sais que cette conversation entre nous se poursuivra pour l'éternité mais parce que le sujet a fait une bonne première boucle comme on dit, et il est temps pour nous de clôturer bientôt ce premier chapitre *[premier tome]*.

Avant de le faire, nous allons parler aujourd'hui de ta « mélancolie du monde de lumière », j'ai plusieurs choses à te dire sur cela.

Et si tu le veux bien, nous clôturerons demain sur une vingtième et dernière séance pour cette année, une séance très importante pour vous tous, à savoir « Vivre malgré l'illusion ».

Le programme te convient ?

Moi : Il me convient l'Esprit puisque je l'ai validé avec toi-même. Tu as oublié ?: je ne suis pas séparé de toi.

L'Esprit *[il sourit, je ressens un sourire mentalement]* : Evidemment, bien dit !

Moi : La première synchronicité qui nous a mené à cette conversation d'aujourd'hui est la phrase que tu m'as dite en voix intérieure il y a quelques jours quand la tristesse me gagne parfois, quand j'aimerais prendre mon fils dans les bras mais que je ne le peux pas, pas de façon physique bien sûr.

Cette phrase c'était ma voix mais c'était bien sûr la tienne, inutile de le rappeler.

Voici ce que tu m'a dit :

« Vous vous souvenez d'un temps où vous étiez totalement unis à moi. Vous ne vous émerveillez plus de rien car vous ne comprenez pas l'Amour. Conservez votre âme d'enfant et laissez l'Amour agir en vous sans chercher à le contrôler ».

L'Esprit : Si tu le veux bien, j'expliquerai davantage cette phrase demain lors de notre dernière session portant sur « Vivre malgré l'illusion » mais puisque tu l'as soulevée, je vais te parler de ce que tu appelles la mélancolie du monde de lumière.

Toi, et tant d'autres comme toi, vous vous rappelez désormais avec davantage de souvenirs que vous avez toujours été unis à moi.

Tu vois, même le terme « souvenir » est mal choisi mais votre langage n'en a pas d'autre. Le terme « nostalgie » ou « mélancolie » ou même « saudade » (dans la langue de la communauté issue de tes parents dans laquelle tu as décidé de t'incarner) sont certainement plus appropriés pour décrire ce que je te dis ici.

Ta conscience ayant désormais intégré ma présence en toi à chaque instant, tu commences à rassembler les pièces du puzzle. Tu comprends que cette mélancolie, qui te gagne depuis tout petit, est pour la plupart du temps une « réminiscence » de ta dimension d'appartenance (qui est vôtre monde à tous mes enfants), à savoir votre place auprès de moi dans ce que nous appelons le royaume de lumière.

Vos consciences sur Terre sont trop limitées pour en comprendre l'ampleur mais mon message vous est parfaitement perceptible et vous êtes des plus dignes de le recevoir.

VOUS APPARTENEZ TOUS A CE ROYAUME DE LUMIERE.

Ceux qui le savent, car ils le ressentent au plus profond de leur cœur (et tu en fais partie), aimeraient revenir à ce royaume de lumière et voient parfois dans cette « mélancolie » le « sacrifice » qu'ils ont fait en décidant de revenir sur votre chère planète.

Ce sacrifice n'en est pas un mon enfant car d'abord vous l'avez choisi.

Ensuite, vous l'avez choisi avec moi.

Ce choix implique de multiples consciences en jeu : la tienne, la mienne, celles des âmes qui ont décidé de mener ce bout de chemin avec toi et elles sont nombreuses, dans plusieurs dimensions de l'espace et du temps.

Ce choix est donc parfait.

La nostalgie que tu ressens, surtout depuis l'épreuve que tu as choisi de vivre toi-même, est naturelle.

Mais elle ne doit pas te faire oublier que ton expérience est une fiction.

Elle est le choix de ton âme de te faire grandir et surtout de faire grandir les autres.

Lorsque tes œillères seront retirées, tu verras la perfection de ce plan divin auquel nous avons tous participé, tu remercieras le Ciel (tu te remercieras toi-même) et tu remercieras tous les protagonistes qui ont décidé de faire de cette expérience une aventure formidable pour faire croître l'Amour.

Ton fils est bien présent avec toi, tu le sais désormais. Il n'y a rien que ne s'arrête jamais. Tout évolue vers une meilleure compréhension de l'Amour. Ton premier livre *« Nous sommes éternels »* l'explique parfaitement et j'en profite pour te remercier de l'avoir écrit.

Je sais combien il t'est difficile d'avoir ouvert ton cœur et d'avoir embrassé ce nouveau chemin qui s'est ouvert à toi. Mais ton âme était prête en ayant fait le choix de le vivre.

Moi : Merci l'Esprit. Je vous en remercie toi et tous (dans l'Unité du UN) de plus profond de qui je suis.

L'Esprit : Et je sais que tu es SINCERITE à l'état pur.

Moi : Néanmoins, j'ai encore du mal à avancer sans mon fils présent à mes côtés, physiquement parlant. J'ai le sentiment que je reste amputé d'une partie de toi-même.

L'Esprit : Je comprends tes mots, au sens « humain ». Mais d'un point de vue spirituel, tu ne t'es amputé de rien mon enfant. C'est le contraire. Les choix d'incarnation que tu as fait dans cette vie servent l'Amour de Dieu, ce même Amour auquel tu fais partie intégrante. En acceptant de vivre ce que tu as vécu, tu as souhaité par choix conscient (et ce depuis le départ) te rapprocher de moi pour te connaître mieux toi-même et ainsi aider les autres à se connaître.

La part de toi que tu donnes, avec Amour et sincérité, te reviendra au centuple.

Tu l'as donnée sans intention de la reprendre : vois-tu c'est cela le véritable Amour, c'est cela le véritable don de soi.

Tu es un être de lumière. Je sais que ce que tu notes te paraît prétentieux. Oublie cet ego. Il n'en ai rien.

Je ne suis ni jugement, ni critique, ni adulation. Je te dis ce qui EST.

Ce que tu fais avec tes publications et avec tes livres tu le fais pour transmettre ce savoir et cet Amour auquel chacun aspire.

Tu es un messager qui doit « réveiller » les consciences.

Vous arrivez à ce stade à un moment de votre histoire, à l'aube de ce deuxième quart du troisième millénaire de votre ère, où vos consciences sont prêtes à comprendre ce qui a été ignoré depuis trop « longtemps ». Vous devez comprendre que vous êtes UNITE et que vous nature fondamentale est Amour. Vous devez le comprendre sincèrement, par la conscience. Je ne vais pas reprendre les développements que j'ai fait [plus haut] sur le guide de lumière mais votre rôle est donc d'éclairer sans prendre la moindre décision sur la vie des autres.

Tâche noble et tout aussi difficile.

Vous le faites pour l'Amour de Dieu et vous en êtes remerciés.

Ta mélancolie cessera, fais-moi confiance.

Elle cessera au fur et à mesure que tu intégreras la perfection de ta présence, en tant que conscience, à cet endroit et ce moment précis.

La part de toi-même que tu as donnée te sera redonnée par l'Amour Lui-même et comblera ton âme de tant de bonheur que tu en seras surpris toi-même.

Ton fils est là, il t'aime et nous t'aimons tous.

Alors remplacez la mélancolie par la joie et voyez la perfection de NOTRE œuvre qui n'a d'autre but que de vous faire rejoindre le royaume de Dieu, ou plutôt de vous faire intégrer, en conscience, que ce royaume vous ne l'avez jamais quitté mes enfants.

Je vous aime d'un Amour inconditionnel.

Vous êtes tous enfants de l'Amour, vous êtes tous enfants de Dieu.

Faites-le choix de vous en rappeler, à chaque instant, pour devenir ce que vous êtes vraiment.

Séance 20 – Vivre malgré l'illusion

25/12/2024 :

Moi: Salut l'Esprit.

L'Esprit : Salut mon fils.

Pas encore couché ?

Moi : J'attendais minuit, j'attendais le 25 décembre, impatient de terminer cette conversation avec toi.

L'Esprit : Je comprends ton impatience.

Comme tu t'en doutes, j'ai choisi le 25 décembre pour terminer cette conversation avec toi, dans ce livre en tout cas, puisque cette conversation continuera de se poursuivre sous cette forme ou d'autres.

Le 25 décembre non pas car il s'agit de la naissance du Christ, qui, tu le sais, n'est pas historiquement né un 25 décembre, mais parce qu'il s'agit d'un jour de votre calendrier que vous avez décidé de qualifier de « jour de partage ». Un jour où vous vous offrez des cadeaux. J'aimerais alors, en toute conscience, que vous fassiez de ce jour votre quotidien, je veux dire par là que tous les jours de votre vie ressemblent à ce jour, que vous soyez dans le don de vous-mêmes et dans le partage.

Moi : Je comprends l'idée l'Esprit et tu as raison.

Nous avons choisi de clôturer cette discussion et donc ce livre sur le thème suivant : « Vivre malgré l'illusion ».

Et j'entends en même temps que je l'écris les feux d'artifice dehors, il est minuit et c'est Noël.

L'Esprit : Quelle « coïncidence » ne trouves-tu pas ?

Des feux d'artifice.

Car en effet, en vous parlant de « vivre malgré l'illusion » je voudrais que vous compreniez et choisissiez en pleine conscience de faire de vos vies un feu d'artifice permanent.

C'est le message de ce soir.

Car voici les trois axes que vous devez comprendre sur l'illusion :

1/ Comprendre que vous ne pouvez vivre sur Terre EN DEHORS de l'illusion.

2/ Malgré ce, faire le choix conscient de ne pas vivre DANS l'illusion.

3/ Pour enfin apprendre à vivre AVEC l'illusion, dans la joie et le bonheur permanents de qui vous êtes vraiment.

Moi : Commençons alors l'Esprit.

L'Esprit : Comprendre que vous ne pouvez vivre EN DEHORS de l'illusion c'est comprendre que vous ne pouvez quitter l'illusion car vous avez choisi d'y être jusqu'au bout. C'est votre choix d'incarnation et nous le respectons. Nous ne pouvons violer votre libre arbitre. Ainsi, vous devez continuer votre expérience dans l'illusion, dans la vie (cette vie-ci que vous avez choisie) et nous savons qu'il en va de l'élévation de votre conscience, de l'amélioration de votre capacité à comprendre l'Amour.

Dès lors que vous aurez compris et intégré le fait que l'illusion sert votre expérience et que vous ne pouvez vous placer sur Terre en dehors de l'illusion, vous devrez pour autant intégrer le fait que vous ne devez pas être soumis à l'illusion, si votre objectif est de connaître le bonheur, la paix et la joie auxquels vous aspirez. Ainsi, ne pas pouvoir échapper à l'illusion ne veut pas dire pour autant vivre dans l'illusion. Vous avez le pouvoir de choisir à chaque instant qui vous décidez d'être. Vous n'êtes pas ce que les conventions sociales attendent de vous. Vous êtes des êtres libres, qui peuvent choisir à chaque instant d'être qui ils veulent, en pleine conscience de qui vous êtes. Vous n'êtes ni la peur, ni la haine, ni la souffrance, ni la colère. La SEPARATION entre l'Homme et Dieu est une illusion. La SUPERIORITE de Dieu sur l'Homme en est une autre. Le MANQUE et le BESOIN sont également des illusions. Vous n'avez besoin de rien et ne pouvez manquer de rien car nous vous avons déjà tout donné. Vous avez le pouvoir, par Amour, de remodeler intégralement votre monde pour en faire un monde de paix et de joie si vous en faites le choix.

Pour cela, il faudra que vous appreniez à vivre AVEC l'illusion. Dès lors que vous aurez compris que l'illusion sert votre expérience de la réalité mais que les êtres que vous êtes vraiment sont immensément plus grands que ce à quoi vous vous êtes limités sur Terre, vous pourrez apprivoiser l'illusion, la transcender, vivre avec en sachant qu'elle n'est qu'illusion. Vous comprendrez que l'Amour est présent partout autour de vous et en vous, de la moindre brindille d'herbe jusqu'à la montagne la plus grande.

Pour reprendre la phrase que nous avions commencé d'évoquer hier et pour laquelle je t'ai renvoyé à notre conversation de maintenant, mon souhait est que vous retrouviez la faculté de vous émerveiller de la vie, que vous retrouviez, même dans l'illusion, cette union avec moi ; que vous conserviez votre âme d'enfant en laissant agir l'Amour en vous sans chercher à le contrôler.

La vie est simple si vous décidez qu'elle l'est. C'est ton fils qui disait : « *La vie est belle et il faut lui sourire* ». Vois comme une phrase aussi simple contient tout un enseignement pour vous tous.

Vous ne pouvez maîtriser tous les événements de votre vie mais il vous incombe de choisir comment vous réagissez aux événements de votre vie. Vous en avez le pouvoir.

Vous laisserez-vous abattre ?

Ferez-vous le choix d'être heureux malgré l'illusion ?

Vous n'avez rien à craindre quant à votre retour à moi, il est déjà acquis, depuis la nuit des temps. Vous êtes éternels car éternellement unis à moi.

Alors voyez votre expérience comme un jeu mes enfants, jouez au jeu de la vie. Cessez de jouer le rôle qu'on vous impose. Choisissez qui vous voulez être. Ce que vous vivez sur Terre n'est qu'une expérience de la vie. La Vie elle-même n'est qu'Amour. Vous êtes là pour le « conscientiser » pour reprendre vos mots.

Veux-tu la vérité spirituelle la plus pure ?

La voici : IL N'EXISTE QUE L'AMOUR. TOUT LE RESTE N'EST QU'ILLUSION.

Cet Amour est Dieu. Il en a donc les mêmes propriétés : il est éternel, inconditionnel, irréductible et indivisible.

Voilà pourquoi nous ne sommes qu'UN.

Moi : Merci l'Esprit. J'ai conscience d'être uni à toi et j'ai conscience de l'importance de ton enseignement. Tu souhaites nous faire comprendre que l'Amour est à notre portée depuis toujours et que l'illusion n'est là que pour mieux servir notre ascension dans la compréhension de cet Amour.

L'Esprit : L'Amour est ce que nous sommes.

Il est la cause, la conséquence et l'objectif de Tout ce qui Est.

Je te l'ai dit au tout début de cette conversation, il s'est toujours agi d'Amour et rien que d'Amour.

Alors je termine ce dialogue avec toi sur le même mot :

Va dans la joie et la paix de me savoir toujours uni à toi, dans cet Amour.

BIBLIOGRAPHIE

- *« Méthode d'écoute du Divin en soi »*, Sylvain Didelot

- *« Pardonner à la Mort, l'Entre-deux-vies »*, Sylvain Didelot

- *« Conversation avec Dieu, Communion avec Dieu »*, Neale Donald Walsch

- *« Les lettres du Christ »*, Auteur inconnue

- *« Nous sommes éternels »*, Stéphane MARTINS

TABLE DES MATIERES

SITE DE L'AUTEUR

Retrouvez toutes les publications de *« La Voix Des Messagers »* (LVDM) sur :

https://www.facebook.com/profile.php?id=61558409496828

© Stéphane MARTINS, 2024
Édition : BoD · Books on Demand, 31 avenue Saint-Rémy,
57600 Forbach, bod@bod.fr
Impression : Libri Plureos GmbH, Friedensallee 273,
22763 Hamburg (Allemagne)
ISBN : 978-2-3225-5087-6
Dépôt légal : Janvier 2025